Editorial
NUN

Ciudadanos de las dos ciudades

Al César lo que es del César
y a Dios lo que es de Dios

Ficha bibliográfica

Cantú, Francisco A.

Ciudadanos de las dos ciudades
Al César lo que es del César y a Dios lo que es de Dios
1a. edición, 2021

ISBN: 978-607-99522-3-5

Editorial Notas Universitarias, S.A. de C.V.

Impreso en la Ciudad de México
Formato: 15 × 21 cm

148 pp.

Editorial NUN

Es una marca de Editorial Notas Universitarias, S.A. de C.V.

Xocotla 17, Tlalpan Centro II, alcaldía Tlalpan,
C.P. 14000, Ciudad de México

www.editorialnun.com.mx

Los textos aquí presentados fueron arbitrados (doble-ciego) y dictaminados por especialistas nacionales.
Posteriormente fueron revisados, corregidos y modificados por los autores antes de llegar a su versión final.

Dirección editorial: Miryam Meza Robles
Cuidado de la edición: Felipe G. Sierra Beamonte
Corrección de estilo: Óscar Díaz Chávez
Diagramación y diseño de portada: Carlos A. Vela Turcott

Impreso en México

Ciudadanos de las dos ciudades

*Al César lo que es del César
y a Dios lo que es de Dios*

Francisco A. Cantú

A mi querida madre, Laura Delia Quintanilla de Cantú, que con
su alegría y fortaleza ha sido una fuente inagotable de inspiración.

A mis pacientes feligreses de San Josemaría, con una disculpa
por no haberlos atendido mejor, y con el mayor agradecimiento
por lo mucho que me compartieron.

Índice

Presentación

El 6 de abril de 2015, lunes de Pascua, temprano por la mañana recibí una inesperada llamada telefónica. Se me comunicaba que el vicario regional de la Prelatura del Opus Dei (Obra de Dios), institución a la que pertenezco desde hace muchos años, quería conversar conmigo en la Ciudad de México. El resumen de aquel amable encuentro era plantearme si estaría dispuesto a trasladarme de Monterrey, donde residía y trabajaba como sacerdote desde hacía quince años, a la Ciudad de México, con el objeto de ser párroco de la iglesia de San Josemaría en la zona de Santa Fe.

Aunque aquello me desconcertó mucho, pues no había trabajado en algo así nunca (mi tarea pastoral se había limitado desde mi ordenación sacerdotal a atender labores apostólicas de la Prelatura, mayoritariamente con estudiantes universitarios), accedí con gusto. Al poco tiempo se formalizaron las cosas y pude tomar posesión de mi nuevo cargo a principios del mes de junio. Y ahí permanecería por espacio de seis intensos años, hasta el mes de abril de 2021.

Fue una gratísima experiencia, llena de situaciones novedosas para mí, en la que lo más importante, como podrá fácilmente comprenderse, fue la interacción con incontables personas. Me encontré con una comunidad muy comprometida en la tarea de difundir el Evangelio de Cristo en todos los ambientes de la sociedad. Aprendí mucho de los sacerdotes que colaboraron conmigo en esa tarea, de los órganos consultivos de la parroquia, de los diversos grupos, del personal de servicio, etcétera.

Siempre consideré que mi prioridad tenía que ser la atención a cada alma. Me propuse que cada persona que, por cualquier inquietud espiritual, se acercara a la parroquia y al párroco fuera acogida y atendida del mejor modo posible. Para cumplir esa tarea disponía, como todo párroco, de las diversas celebraciones litúrgicas, especialmente de la eucaristía dominical, unida a ese entrañable momento, al terminar la misa, de saludo y diálogo con los feligreses y sus respectivas familias. También dediqué amplios espacios de mi tiempo para recibir en mi oficina o en el templo a quien quisiera confesión, dirección espiritual o simplemente orientación sobre algún asunto personal.

Aproveché, entre otros, un canal de comunicación empezado por mis predecesores, la redacción de los editoriales de una publicación bimensual de la parroquia.

En esos textos que además de impresos se subían a nuestra página web me propuse, casi desde el principio, abordar temas un poco más amplios que la mera vida parroquial. Con cierto énfasis en las cuestiones que propone la Doctrina Social de la Iglesia, a la que me he sentido atraído desde mis tiempos de estudiante universitario en la carrera de leyes de la Universidad Panamericana.

Esa colección de editoriales es la que ahora ofrezco a los lectores. Temas, como expresa el título de esta publicación, relacionados con los deberes de un cristiano tanto para con la Iglesia como para con la sociedad civil. Quise, por lo mismo, conservar la redacción original, un tanto coloquial, de un párroco con sus feligreses. Es mi ilusión que puedan despertar en quien los lea un mayor compromiso con las exigencias de su vocación cristiana en los dos ámbitos, espiritual y terreno, eclesial y civil.

Al leerlos será evidente que, además de las referencias a la Escritura y al Magisterio de la Iglesia, en los editoriales ocupa un lugar muy destacado la enseñanza de san Josemaría Escrivá, fundador del Opus Dei. Es el patrono de la parroquia y me pareció un deber de justicia y de gratitud proceder así.

Pido a la virgen María, bajo su advocación de Guadalupe, que la lectura de estos textos consiga la meta antes aludida de despertar en el lector el propósito de vivir mejor su compromiso cristiano en esta difícil etapa de la historia de la Iglesia que estamos atravesando.

Pbro. Francisco A. Cantú

Los Pinos, Coahuila, julio de 2021

Introducción

Los dejó admirados

Un día, nos cuenta el Evangelio, se presentó ante Jesús un grupo heterogéneo de personas. Procedían principalmente de los llamados herodianos (cercanos al rey Herodes y, por tanto, colaboracionistas con las autoridades romanas) y fariseos, los acérrimos defensores de las grandes tradiciones religiosas del pueblo elegido, los más observantes (externamente) de la ley de Moisés. Tenían, por tanto, posturas contrapuestas, pero paradójicamente se unen contra el que consideran su enemigo común: Jesús de Nazaret. Como consignan los tres evangelios sinópticos (Mateo, Marcos y Lucas) en aquella ocasión querían tenderle una trampa. Y para conseguirlo, le plantean una cuestión particularmente espinosa: el tributo al César. En efecto, pocas cosas resultaban más odiosas al pueblo que el injusto yugo al que el dominador romano los tenía sometidos. Aquellos interlocutores introducen su pregunta de una manera aparentemente amable: "Maestro, sabemos que eres sincero y que no te importa lo que diga la gente, porque no tratas de adular a los hombres, sino que enseñas con toda verdad el camino de Dios. ¿Está permitido o no, pagarle el tributo al César? ¿Se lo damos o no se lo damos?".[1]

La artimaña fue captada inmediatamente por el Señor. Dijera lo que dijera quedaría mal. Si afirmaba que lo pagaran, lastimaría gravemente la sensibilidad del pueblo, que vería en esa respuesta una especie de traición a sus más hondos anhelos de justicia y libertad. Si, por el contrario, se ponía en contra de Roma, y negaba la obligación de pagar el tributo, los herodianos presentes tendrían un magnífico pretexto para acusarlo ante Poncio Pilato de subversión, de atentar contra los supremos intereses del imperio.

Pero Jesús nota su hipocresía y responde: "¿Porqué me ponen una trampa? Tráiganme una moneda para que yo la vea". Se la trajeron (un denario) y él les preguntó: "¿De quién es la imagen y el nombre que lleva escrito?".

---

[1]   Marcos 12, 14.

Le contestaron: "Del César". Entonces les respondió Jesús: "Den al César lo que es del César y a Dios lo que es de Dios". Y los dejó admirados.[2]

En su sencillez y concisión, la respuesta del Señor revela su grandeza. No era una salida evasiva o diplomática, era poner las bases firmes para el comportamiento de sus discípulos a lo largo de la historia. Jesús no se pone de parte de los judíos ni de los romanos, sino que, elevándose sobre aquella coyuntura particular, apunta a una solución de fondo: La armoniosa y, ciertamente muy difícil, conjunción de los deberes para con Dios y con el Estado. El cristiano habrá de cumplir, lo más esmeradamente posible, sus obligaciones con ambos poderes, pues pertenece a ambas ciudades, la celestial y la terrena.

Un texto clave

Con el paso de los siglos el Concilio Vaticano II, al recoger una amplísima reflexión teológica de la tradición cristiana, exhortará a sus hijos, "ciudadanos de las dos ciudades, a que se afanen por cumplir fielmente sus deberes temporales, guiados por el espíritu del Evangelio". Puntualiza con firmeza que "se alejan de la verdad quienes, sabiendo que nosotros no tenemos aquí una ciudad permanente, sino que buscamos la futura, piensan que pueden por ello descuidar sus deberes terrestres, sin comprender que ellos por su misma fe están más obligados a cumplirlos, cada uno según la vocación a la que ha sido llamado".[3]

En este luminoso texto está contenida la propuesta que se ofrece al lector en las páginas del breve ensayo que tiene en sus manos. Quienes hemos tenido la gracia de recibir la vocación cristiana por medio del bautismo, estamos llamados no sólo a conquistar la santidad por el ejercicio de las virtudes humanas y sobrenaturales, procurando imitar a Jesucristo, nuestro

---

[2]   Marcos, 15-17.

[3]   Concilio Vaticano II, *Gaudium et spes*, núm. 43.

insuperable modelo, sino también a configurar, con la luz de su mensaje, las estructuras temporales de la sociedad.

Formación para la participación

Un grave problema para la Iglesia en México y en el mundo ha sido desde muy antiguo la apatía de los católicos para las cosas que se refieren a la política y, más en general, a aquellas actividades que inciden ampliamente en el bien común. Los últimos romanos pontífices lo han denunciado con insistencia. San Josemaría, por su parte, lo vislumbró con agudeza desde los primeros tiempos de la fundación del Opus Dei. Por eso, quiero incluir aquí dos largas citas de una de sus cartas más antiguas, fechada en enero de 1932, es decir, muy poco después de la fecha fundacional (2 de octubre de 1928), aunque entregada a sus hijos espirituales en 1966, muy probablemente reelaborada.

La primera se refiere a la importancia de la intervención de los católicos en la actividad política:

La presencia leal y desinteresada en el terreno de la vida pública ofrece posibilidades inmensas para hacer el bien, para servir: no pueden los católicos (…) desertar de ese campo, dejando las tareas políticas en las manos de los que no conocen o no practican la ley de Dios, o de los que se muestran enemigos de su Santa Iglesia.

La vida humana, tanto la privada como la social, se encuentra ineludiblemente en contacto con la ley y con el espíritu de Cristo Señor Nuestro: los cristianos, en consecuencia, descubren fácilmente una compenetración recíproca entre el apostolado y la ordenación de la vida por parte del Estado, es decir, la acción política. Las cosas que son del César, hay que darlas al César; y las que son de Dios, hay que dárselas a Dios, dijo Jesús.[4]

La segunda cita nos ofrece una ponderada explicación de esa apatía generalizada que antes mencionamos:

Es frecuente, en efecto, aun entre católicos que parecen responsables y piadosos, el error de pensar que sólo están obligados a cumplir sus deberes familiares y religiosos, y apenas quieren oír hablar de deberes cívicos. No se trata de egoísmo: es sencillamente falta de formación, porque nadie les ha dicho nunca claramente que la virtud de la piedad –parte de la virtud cardinal de la justicia– y el sentido de la solidaridad cristiana se concretan también en este estar presentes, en este conocer y contribuir a resolver los problemas que interesan a toda la comunidad.

Por supuesto, no sería razonable pretender que cada uno de los ciudadanos fuera un profesional de la política; esto, por lo demás, resulta hoy materialmente imposible (...) por la gran especialización y la completa dedicación que exigen todas las tareas profesionales, y entre ellas la misma tarea política.

Pero sí se puede y se debe exigir un mínimo de conocimiento de los aspectos concretos que adquiere el bien común en la sociedad, en la que vive cada uno, en las circunstancias históricas determinadas.[5]

Con optimismo y buen humor

Es patente para quien tenga un mínimo de formación cristiana que, en la actual situación por la que atraviesa la Iglesia, sus enseñanzas básicas sobre

---

[4]   Mateo 22, 21. San Josemaría, carta 9-I-1932, en *Cartas I*, edición crítica, n. 41, a-b.

[5]   *Ibidem*, núm. 46, a-c.

temas vitales para la persona y la sociedad se encuentran sometidas a un fuerte rechazo por la cultura secular dominante. El matrimonio y la familia, el derecho de los padres a la educación de sus hijos, la libertad religiosa, la propiedad privada, la defensa de la vida y tantas cosas más se proponen en los grandes canales que configuran la opinión pública (radio, cine y televisión; redes sociales; periódicos y revistas, etc.) en términos ajenos o abiertamente hostiles a la propuesta cristiana. De aquí la importancia de abordar estos grandes asuntos y de hacerlo con mucha claridad en el fondo, pero con la mayor serenidad en la forma. En búsqueda siempre de las áreas comunes con los diversos actores políticos de la sociedad, desde las que sea posible alcanzar acuerdos con el diálogo abierto y respetuoso. Y, como alguien ha propuesto, *sin alzar la voz*, incluso con una sonrisa.

Con la luz de la fe, sabemos que la verdad está de nuestro lado. Tenemos, por tanto, los hijos de Dios que mantener en todo momento una actitud optimista y esperanzada. Nuestro gran desafío es mostrar esa verdad con el ejemplo y la palabra, de modo convincente y atractivo. Esta publicación es una modesta aportación a esta causa. Ahora bien, llevar a la práctica el mensaje del Evangelio y de la enseñanza social de la Iglesia es una tarea, como podrá comprenderse, descomunal. Está por encima de la limitada capacidad de cada uno de nosotros considerados individualmente. Pero unidos por la fe y el amor podemos lograr que las cosas cambien. No nos quedemos, por tanto, con los brazos cruzados o, peor aún, con quejas o lamentos que no conducen a ninguna parte. Una vez alguien me hizo considerar una atinada comparación. Si, en una noche oscura, se enciende una pequeña luz en un inmenso estadio vacío y apagado, obviamente el estadio no quedará iluminado pero esa pequeña luz se podrá apreciar desde cualquier rincón del estadio. De eso se trata. Encendamos cada uno una pequeña luz en nuestro lugar del estadio y, con la ayuda de Dios, entre todos conseguiremos iluminarlo. Es el Señor quien lo ha dicho: *Ustedes son la luz del mundo.*[6]

---

[6] Mateo 5, 14.

Descanso y contemplación

Cuando llega el verano

Cada año, al llegar el periodo de vacaciones escolares, se nos presenta la oportunidad de cambiar de actividad y de convivir más estrechamente con la familia. En algunos casos, lo tradicional será dejar el lugar en que ordinariamente se vive, para trasladarse a algún sitio más fresco y tranquilo. Tal vez algún rincón en las montañas o alguna casa cercana a la playa. En cualquier caso, para muchos de nosotros se trata de una época distinta que conviene aprovechar bien.

Por eso, quisiera servirme de esta ocasión para recordar aquel comentario de san Josemaría: "Descanso significa represar: acopiar fuerzas, ideales, planes… En pocas palabras: cambiar de ocupación, para volver después –con nuevos bríos– al quehacer habitual".[1]

El domingo pasado escuchamos en el Evangelio de la misa la amable invitación del Señor a sus discípulos: "Vengan conmigo a un lugar solitario, para descansar un poco". Y es que, como anota san Marcos, "eran tantos los que iban y venían, que no les dejaban tiempo ni para comer".[2] Jesús, que pedía mucho a sus discípulos, también les daba mucho, los cuidaba de modo constante, casi maternalmente. Y no se le escapaba la importancia de esos momentos de distensión que todos necesitamos en la vida. Hay que reconocer con humildad que no somos máquinas ni ángeles (creaturas puramente espirituales), sino hombres o mujeres, seres de carne y hueso que, naturalmente, al cumplir con nuestros deberes ordinarios de trabajo, experimentamos, como dice también la Escritura, "el peso del día y del calor".[3] Por eso, no es sólo razonable, sino muy conveniente, descansar. Pero hemos de hacerlo de modo inteligente y cristiano.

---

[1] San Josemaría, *Surco*, núm. 514.

[2] Marcos 6, 30-31.

[3] Marcos 20, 12.

Un peligro, por ejemplo, sería ante la fatiga abrir puertas falsas. Buscar el rompimiento del estrés con alguna evasión que nos pueda dañar tanto el cuerpo como el alma. Los ejemplos los conocemos todos: desorden en las comidas o bebidas (especialmente peligroso, como es evidente, en el caso del alcohol), sumergirnos en las redes sociales y dar entrada a imágenes provocativas e inconvenientes o que simplemente nos hagan perder el tiempo; deslizarse hacia compras compulsivas, etc. Por experiencias amargas, todos sabemos que por ese camino realmente no se descansa, al contrario. Se suele entrar en un peligroso círculo: cansancio-evasión-adicción-frustración-más cansancio-más evasión...

El descanso de los hijos de Dios

Como cristianos, ante todo, hemos de escuchar la recomendación de Jesús cuando nos dice "vengan a mí todos los fatigados y agobiados y yo los aliviaré".[4] Las vacaciones son una excelente oportunidad para practicar algún deporte, entrar en contacto con la naturaleza, hacer una buena lectura… pero sin dejar, por ningún motivo, de tratar al Señor. Habría que buscar momentos de tranquilidad para descubrirlo en nuestro interior y entablar un diálogo sencillo y franco que nos permita recuperar la paz o ahondar en ella. Como tantas veces se ha dicho, bastaría suponer que Él nos pregunta: "¿Cómo estás?, ¿qué me cuentas?, ¿cómo van las cosas?". Y, partiendo de ahí, mantener una conversación serena y relajada que nos ayude a centrarnos mejor.

De la oración mental bien hecha, de ese diálogo sencillo e íntimo, vendrán sin duda luces nuevas para enfocar adecuadamente las propias vacaciones y, quizás, también para ver si hubiera algo que cambiar en nuestra tarea ordinaria. Entonces, bien ubicados ante Dios y ante nosotros mismos, podremos acometer con alegría la convivencia familiar o social. Una persona que procura mantenerse cerca de Dios no avasalla a los demás al practicar un deporte o evita las trampas en los juegos de mesa; comparte con gozo

---

con los otros las cosas buenas que se va encontrando por la vida, ya sea un buen libro, una pieza musical o un paisaje natural. Una rica vida interior es la mejor plataforma para alcanzar todo tipo de profundas y enriquecedoras satisfacciones. Como recuerda el papa Francisco en su encíclica *Laudato si* (Alabado seas), por ese camino se logra una auténtica *actitud contemplativa*, la apertura al estupor y maravilla de la Creación que con tanta frecuencia encontramos en los santos y, especialmente, en ese gran patrono de los ecologistas que es san Francisco de Asís.

Las vacaciones son un momento privilegiado para leer o releer el fabuloso *Libro de la Creación*, escrito por Dios mismo. San Agustín, con su singular elocuencia, predicaba:

> Interroga a la belleza de la tierra, interroga a la belleza del mar, interroga a la belleza del aire que se dilata y se difunde, interroga a la belleza del cielo (…) interroga a todas estas realidades. Todas ellas te responden: Ve, nosotras somos bellas. Su propia belleza es su proclamación. Estas bellezas sujetas a cambio, ¿quién las ha hecho sino la Suma Belleza no sujeta a cambio?[5]

Evitar el atolondramiento

Dios es un Padre bueno, no lo olvidemos, que ha querido dejar grabada su imagen en todas sus creaturas. El problema es, muchas veces, que nosotros tenemos la mente y el corazón un tanto embotados y no lo percibimos. No hace mucho recibí un mensaje electrónico en el que el autor, con prosa poética y hermosas fotografías de paisajes naturales, invitaba a una visión positiva y optimista, luchando contra la tristeza. A manera de estribillo repetía: *No estás deprimido, no. Estás distraído, atolondrado.*

Algo de razón tiene. Queridos hermanos, los invito a abrir los ojos del cuerpo y del alma y a disfrutar en estos días de tantas cosas hermosas

---

[5] San Agustín, Sermón 241, 2, citado en el *Catecismo de la Iglesia católica*, núm. 32.

y sencillas como el Señor ha puesto en nuestras manos: mariposas, pájaros y ardillas; estrellas, conchas y caracoles; amaneceres y atardeceres; flores, bosques, ríos y mares… Y a hacerlo unidos en familia. Así lo quiere la Iglesia que, por medio del Papa, nos recuerda: "En la familia se cultivan los primeros hábitos de amor y cuidado a la vida, como por ejemplo el uso correcto de las cosas, el orden y la limpieza, el respeto al ecosistema local y la protección de todos los seres creados. La familia es el lugar de la formación integral, donde se desenvuelven los distintos aspectos, íntimamente relacionados entre sí, de la maduración personal".[6]

A la virgen del Carmen le pido que nos conceda a todos la gracia de descansar bien este verano, combinando armónicamente la convivencia familiar, el ejercicio físico, el enriquecimiento cultural y, sobre todo, la contemplación espiritual.

Que Dios los bendiga.

Santa Fe, Ciudad de México, julio de 2015

---

[6]   Papa Francisco, *Alabado seas*, núm. 213.

Septiembre, mes de la patria

Un aspecto de la caridad

El mes de septiembre anuncia la llegada del otoño. En nuestro medio aumentan las lluvias, baja un poco la temperatura, algunos árboles cambian de follaje y, una nota muy mexicana, por todas partes –en los automóviles, en las fachadas de las casas, en los edificios públicos– aparecen banderitas tricolores.

Y es que, en efecto, para nosotros este mes es el de la patria. Con el aniversario de nuestra independencia nacional, celebramos gozosa y un tanto ruidosamente nuestra mexicanidad. Pienso que los mexicanos, de una forma u otra, experimentamos, en particular en estos días, una compleja amalgama de sentimientos que tienen como fondo un noble y sincero amor por la tierra que nos vio nacer. Apreciamos, con una nueva luz, nuestras tradiciones y cultura, nuestra música y cocina, y tantas cosas más.

Cristo mismo, nuestro modelo en todo, amó tiernamente a la capital de su pueblo. San Lucas lo recoge con una conmovedora expresión de afecto: "Jerusalén, Jerusalén (…) ¡Cuántas veces he querido reunir a tus hijos como la gallina reúne a sus pollitos bajo sus alas!".[1] San Pablo, por su parte, expresa en diversas ocasiones el legítimo orgullo que le provocaba pertenecer al pueblo de Israel y con frecuencia anima a los cristianos a cumplir sus deberes ciudadanos. A los fieles de Roma, por ejemplo, les propone: "Denle a cada uno lo que se le debe: (…) a quien impuestos, impuestos; a quien respeto, respeto; a quien honor, honor".[2]

Se trata, para nosotros, de exigencias muy concretas que son como una prolongación del amor a nuestros padres y abuelos. El *Catecismo de la Iglesia católica* lo subraya con firmeza: "El amor y el servicio de la patria

---

[1]   Lucas 13, 34.

[2]   Romanos 13, 7.

forman parte del deber de gratitud y del orden de la caridad".[3] Y esto implica, entre otras cosas, la obediencia y respeto a las legítimas autoridades, aunque obviamente sea legítimo manifestar de modo respetuoso nuestro disentimiento cuando fuere oportuno.

El ejemplo de los primeros cristianos

Emociona constatar en la célebre *Epístola a Diogneto*, a propósito de aquellos discípulos de finales del siglo II, que "habitan en su patria, pero como forasteros; toman parte en todo como ciudadanos y todo lo soportan como extranjeros; toda tierra extraña es para ellos patria, y toda patria, tierra extraña". Vivían, pues, una doble nacionalidad: pertenecían a la *ciudad celestial*, pero sin apartarse de la *ciudad terrena*. Estaban en medio del mundo, cumpliendo sus deberes, amando intensamente a su patria sea cual fuere, pero a la vez con la mirada clavada en el cielo.

San Josemaría, desde muy joven insistía también en que

> ser "católico" es amar a la Patria, sin ceder a nadie mejora en ese amor. Y, a la vez, tener por míos los afanes nobles de todos los países. ¡Cuántas glorias de Francia son glorias mías! Y, lo mismo, muchos motivos de orgullo de alemanes, de italianos, de ingleses…, de americanos y asiáticos y africanos son también mi orgullo. –¡Católico!: corazón grande, espíritu abierto.[4]

Hagamos nosotros lo mismo. Aprovechemos estos días para fomentar el amor a México (o, si se fuera extranjero, a la propia patria) con un corazón universal. Con auténtico patriotismo, pero sin esas exageraciones nacionalistas que tanto daño han hecho y siguen haciendo a la sociedad. Procuremos, también, ir un poco más allá de la mera celebración externa y

---

[3]   *Catecismo de la Iglesia*, núm. 2239.

[4]   San Josemaría, *Camino*, núm. 525.

folclórica. Revisemos, por ejemplo, además del antes mencionado deber de respeto y obediencia a las autoridades, si estamos cumpliendo con las exigencias patrióticas que nos pide nuestra vocación cristiana. Si, por ejemplo, trabajamos honesta y cabalmente, si atendemos con delicadeza nuestros deberes familiares, si pagamos los impuestos que en justicia nos corresponden, si prestamos algún servicio social o profesional. Y un punto particularmente importante y delicado: si amamos con radicalidad la verdad en todas sus manifestaciones. Porque debemos estar persuadidos de que, sin verdad en nuestras vidas, abrimos espacios a la corrupción y a la injusticia. Esa terrible corrupción pública y privada que nos está ahogando tiene su última raíz en la mentira.

Nuestra fe nos ofrece una poderosa luz para perfeccionar y embellecer todas las realidades humanas. También las que se refieren al patriotismo. Termino con otro pensamiento de san Josemaría recogido en *Surco*: "Ésta es tu tarea de ciudadano cristiano: contribuir a que el amor y la libertad de Cristo presidan todas las manifestaciones de la vida moderna: la cultura y la economía, el trabajo y el descanso, la vida de familia y la convivencia social".[5]

Santa Fe, Ciudad de México, septiembre de 2015

---

[5] San Josemaría, *Surco*, núm. 302.

Príncipe de la paz

"Mi paz les doy"

En la Noche Buena, la liturgia de la misa nos propone un texto en el que el profeta Isaías describe con intensos oráculos su visión del futuro rey que habrá de salvar al pueblo elegido. Entre sus cualidades hay una de singular belleza. El anhelado Mesías será "Príncipe de la paz".[1] Efectivamente, queridos hermanos, la noche bendita de Navidad, según nos cuenta san Lucas, los ángeles que anuncian a los pastores la noticia del nacimiento del Salvador, proclaman gozosos: "Gloria a Dios en el cielo y en la tierra paz a los hombres de buena voluntad".[2] Nuestro Señor ha venido a la tierra para establecer un reinado de paz. Un reinado que, comenzando en este mundo por medio de la Iglesia, alcance su plenitud en la vida eterna.

La fiesta de Cristo Rey que pone fin al año litúrgico y la ya cercana celebración de la Navidad nos invitan a reflexionar sobre esta importante dimensión de la obra de Cristo y, consecuentemente, de sus discípulos. Él ha venido, insisto, para llenarnos de paz: "La paz les dejo, mi paz les doy",[3] afirmó a los más íntimos en la Última Cena.

El papa Francisco nos lo recuerda tenazmente:

La paz no "se reduce a una ausencia de guerra, fruto del equilibrio siempre precario de las fuerzas en pugna. La paz se construye día a día, en la instauración de un orden querido por Dios, que comporta una justicia más perfecta entre los hombres".[4] En definitiva, una paz que no surja como fruto del desarrollo integral de todos, tampoco

---

[1] Isaías 9, 5.

[2] Lucas 2, 14.

[3] Juan 14, 27.

[4] Pablo VI, *Populorum Progressio*, núm. 76.

tendrá futuro y siempre será semilla de nuevos conflictos y de variadas formas de violencia.[5]

Siendo esto así de claro, nos causa una gran pena constatar que este precioso bien –la paz– tan delicado y frágil, sea constantemente roto por los hombres. ¡Qué frustración e impotencia nos provoca, un día y otro, la dramática violencia que impera en amplias regiones de nuestro país! Al contemplar tanto sufrimiento nuestra sensibilidad cristiana no puede permanecer indiferente. y es lógico que nos preguntemos: y yo, ¿qué puedo hacer? ¿Qué puedo aportar para mejorar aunque sea un poco este terrible panorama? ¿Cómo conseguir que la riqueza de la paz de Cristo no quede arrinconada en el cofre de nuestras almas, sino que sea compartida y multiplicada en la vida de otras personas?

Tres propuestas

Se me ocurren tres cosas muy puntuales y al alcance de todos. En primer lugar, acudir con fe segura y esperanza inconmovible al Príncipe de la paz para que actúe en los corazones de los hombres infundiendo sentimientos de concordia y reconciliación. Lo que para nosotros es imposible, no lo es para Él. Hagamos todos un nuevo esfuerzo por reconciliarnos, por acercarnos a quienes, por las razones que sean, la vida nos ha distanciado (más o menos amargamente) en este año que termina. Luego, otro propósito, acentuemos nuestro afán de reparación. Levantemos con nuestra oración, nuestro sacrificio y con nuestro diario trabajo bien hecho, una gran columna de incienso que perfume y desagravie al Señor por las múltiples ofensas que recibe con esos actos de odio, violencia e injusticia. Y, en tercer lugar, podríamos empeñarnos en ser, en el lugar concreto que ocupamos en la sociedad, "sembradores de paz y de alegría" como siempre predicó san Josemaría

---

[5]   Francisco, *Evangelii gaudium*, núm. 219.

Escrivá.[6] Dar un tono menos enfático y crítico a nuestras conversaciones, buscar una amable disculpa para quien haya dicho o hecho alguna tontería, dar un giro positivo y alentador, más cristiano, a las situaciones difíciles que puedan presentarse en el ambiente donde nos desenvolvemos.

En una homilía dirigida en la solemnidad de Cristo Rey, nuestro patrono proclamaba: "Si pretendemos que Cristo reine, hemos de ser coherentes: comenzar por entregarle nuestro corazón. Si no lo hiciésemos, hablar del reinado de Cristo sería vocerío sin sustancia cristiana".[7] Y, acto seguido, proponía algo muy práctico: ejercitarnos diariamente en el espíritu de servicio: "Servicio. ¡Cómo me gusta esta palabra! Servir a mi Rey y, por Él, a todos los que han sido redimidos con su sangre".[8] Meditemos despacio estas palabras y obtengamos consecuencias.

Que la Virgen Santísima, Reina de la paz, nos ayude a difundir con obras y de verdad la paz de Cristo. En las próximas fiestas y siempre.

Santa Fe, Ciudad de México, noviembre de 2015

---

[6]   San Josemaría, *Es Cristo que pasa*, núm. 30.

[7]   *Ibidem*, núm. 181.

[8]   *Ibidem*, núm. 182.

Pedro entre nosotros

Una grata noticia

El pasado 12 de diciembre, al habitual gozo de festejar a nuestra madre de Guadalupe, se añadió la alegría de saber que el papa Francisco quiso celebrar en esa fecha una misa en la basílica de San Pedro, en Roma, en la que aludió detenidamente a su próximo viaje a nuestra tierra. Apenas iniciado el Año Santo de la Misericordia, el romano pontífice aprovechó la ocasión para poner en las manos de la virgen morena los frutos de su viaje y, de alguna manera, de todo el Jubileo que tenemos por delante.

En un momento de su intervención dijo:

Que la dulzura de su mirada [de la Guadalupana] nos acompañe en este Año Santo, para que todos podamos redescubrir la alegría de la ternura de Dios. A ella le pedimos que este año jubilar sea una siembra de amor misericordioso en el corazón de las personas, las familias y las naciones. Que nos convirtamos en misericordiosos, y que las comunidades cristianas sepan ser oasis y fuentes de misericordia, testigos de una caridad que no admite exclusiones.

Es una clara llamada a agrandar el corazón, a revisar si no habrá en nosotros mismos algún viejo resentimiento que convenga arrancar en este año nuevo que estamos comenzando. Luego añadió para alegría de todos nosotros: "Para pedirle esto, de una manera fuerte, viajaré a venerarla en su santuario el próximo 13 de febrero. Allí pediré esto para toda América, de la cual es especialmente Madre".

Ese mismo día se hizo público el programa del viaje apostólico del Papa a México, un programa en el que evidentemente Francisco ha querido privilegiar, como es su costumbre, a los más débiles: enfermos, migrantes, indígenas, encarcelados... La visita será, sin duda, un constante ejercicio de las obras de misericordia. Pienso, de modo particular, que el Papa nos ofrecerá a todos los mexicanos un bálsamo de ternura en las heridas que nuestra sociedad ha recibido en los últimos tiempos. Será esperanzador escuchar su palabra y comprobar que, como padre bueno y misericordioso, nos consolará en nuestras tristezas. No está de más recordar que el propio Cristo, que tantas veces consoló a sus discípulos, pidió a Pedro que hiciera lo mismo: "Yo he rogado por ti para que tu fe no desfallezca; y tú, cuando te conviertas, confirma a tus hermanos".[1]

Con el ejemplo y la palabra del santo padre seremos impulsados a vivir, con la mayor intensidad que seamos capaces, el ejercicio de la misericordia. Hay mucho sufrimiento cerca de nosotros, mucha miseria humana y espiritual. Y, especialmente en este año, debemos sentirnos convocados a encontrarnos con nuestros hermanos sufrientes. Decía bellamente san Agustín que "la misericordia es una cierta compasión ante la miseria ajena nacida en nuestro corazón, que nos impulsa a socorrerla en la medida en que nos sea posible".[2] Descubramos cerca de nosotros ese dolor y busquemos suavizarlo. Al menos con un poco de afecto y conversación:

> Hoy [son también palabras del Papa], que las redes y los instrumentos de la comunicación humana han alcanzado desarrollos inauditos, sentimos el desafío de descubrir y transmitir la mística de vivir juntos, de mezclarnos, de encontrarnos, de tomarnos de los brazos, de apoyarnos, de participar en esa marea algo caótica que puede convertirse en una verdadera experiencia de fraternidad, en una caravana solidaria, en una santa peregrinación.[3]

---

[1] Lucas 22, 31.

[2] San Agustín, *La Ciudad de Dios*, ix, 5.

[3] Francisco, *Evangelii gaudium*, núm.87.

La "sombra" de Pedro

Entre los diversos títulos con que se designa al supremo pastor de la Iglesia está el entrañable de *sucesor de san Pedro*. El hecho de que Francisco venga a México es, desde una perspectiva de fe, que *Pedro esté entre nosotros*. Que su amable sombra nos dé un poco de frescura cuando nos encontramos un tanto sofocados por la aridez del camino. De inmediato, en este contexto, viene a la memoria el pasaje de los Hechos de los Apóstoles cuando se nos narra que multitud de fieles se colocaban por donde Pedro iba a pasar, para que al menos *su sombra los alcanzase*.[4] Eso es lo que más necesitamos en estos momentos. Aliento en la gran batalla de vivir y difundir el Evangelio.

No olvidemos, además, que unidos a Pedro fortalecemos la unidad de toda la Iglesia. Otro gran tema de mucha actualidad. Hace años san Josemaría pedía a uno de sus hijos espirituales: "Ofrece la oración, la expiación y la acción (…) para que todos los cristianos tengamos una misma voluntad, un mismo corazón, un mismo espíritu: para que *omnes cum Petro ad Iesum Per Mariam!* –¡que todos, bien unidos al Papa, vayamos a Jesús, por María!".[5]

Preparémonos, pues, durante estas semanas para que la semilla que, Dios mediante, sembrará el papa Francisco en las almas de sus hijos mexicanos, caiga en buena tierra. Tierra removida, abonada, humedecida por la gracia de Dios y nuestra lucha personal. Que Santa María de Guadalupe nos acompañe en este camino.

Santa Fe, Ciudad de México, enero de 2016

---

[4] Hechos 5, 15.

[5] San Josemaría, *Forja*, núm. 647.

El quinto Evangelio

Los "gritos" de las piedras

Se atribuye a san Jerónimo, ese gran biblista, padre y doctor de la Iglesia, el considerar a Tierra Santa como *el quinto Evangelio* de Jesucristo. Y es que, efectivamente, hoy como ayer, visitar los santos lugares donde ocurrieron los principales acontecimientos de nuestra fe cristiana es una inagotable fuente de conocimiento y, no pocas veces, de profunda emoción. Benedicto XVI alguna vez dijo que al considerar el misterio de la Encarnación del Hijo de Dios en María "nuestro corazón se vuelve constantemente a aquella Tierra en la que se ha cumplido el misterio de nuestra redención (…) Las piedras sobre las que ha caminado nuestro Salvador están cargadas de memoria para nosotros y siguen 'gritando' la Buena Nueva".

Quiero compartir con ustedes que, en los últimos días de febrero y los primeros de marzo de este año, un grupo de fieles de nuestra querida parroquia y de la ciudad de Monterrey, acompañados por quien esto escribe, tuvimos la gracia de visitar tierra santa y escuchar con emoción esos elocuentes "gritos" que dirige el Señor a los peregrinos. Fueron ocho días maravillosos e inolvidables en muchos sentidos. Días intensos, algunos incluso muy intensos, en los que recorrimos los más preciados lugares de la cristiandad. Con amplios espacios para el silencio, la oración y, pienso que puede decirse sin exagerar, la auténtica contemplación.

El ambiente del grupo fue formidable. Todos conservamos de principio a fin la enorme ilusión y alegría por lo que estábamos viviendo. No faltaron, gracias a Dios, ni la paciencia ni el buen humor ante los inevitables contratiempos que se suelen presentar en todos los viajes. Hay que decir que, aunque nos conocíamos poco antes del viaje, nos entendimos de maravilla. A los pocos días, la impresión general era como si nos conociésemos de toda la vida. Es verdad que hubo algunas compras, ¿cómo no iba a haberlas ante tantas cosas bonitas y exclusivas de aquellos contornos? Pero fueron siempre un aspecto marginal en el conjunto de nuestras actividades.

Un factor clave del éxito fue, sin duda, el buen Sebastián, nuestro joven, simpático e infatigable guía. Un hombre judeo-argentino, con excelente preparación profesional y que a lo largo de todo el viaje nos hizo partícipes de sus amplios conocimientos históricos, arqueológicos y culturales de Israel. En todo momento, además, con un delicado respeto, casi con cariño, a nuestras creencias cristianas y, en especial, a las históricas figuras de Jesús y de María. Que, vale la pena puntualizarlo, ambos *son* (son, no fueron) hebreos, como él.

Eventos de especial significación

Es difícil señalar los principales momentos del viaje. Emocionantes e ilustrativos resultaron muchos de ellos. Y, lógicamente, la valoración dependerá de la peculiar historia y sensibilidad de cada asistente. Pero pienso que se podrían destacar cuatro que a todos nos impresionaron especialmente:

1. La visita a la Basílica de la Anunciación en Nazaret. Tuvimos la Santa Misa en la nave principal y rezamos el *Angelus* en la santa gruta donde la tradición asegura que vivió María y recibió la embajada del arcángel san Gabriel para anunciarle que sería la Madre de Dios. Es un matiz entrañable emplear ese especial adverbio de lugar: *aquí*. En el Evangelio de la misa: "Fue enviado el ángel Gabriel *aquí*, a Nazaret"… O en el rezo del *Angelus*: "El Verbo de Dios *aquí* se hizo carne y habitó entre nosotros".

2. La renovación de los compromisos matrimoniales en la pequeña iglesia de Caná de Galilea, por parte de quienes habían recibido ese sacramento. Recordamos ahí con emoción que Jesús quiso santificar con su presencia la alegría de aquella boda de que nos habla san Juan y, a instancias de su Madre, garantizó con un especial signo que no faltase el buen vino en la fiesta. Otro tanto se podría decir de los compromisos bautismales que renovamos todos junto al río Jordán.

3. El poderoso silencio, sólo interrumpido por el ruido de algunas gaviotas cuando, encima de una barca en lo profundo del mar de

Galilea, meditamos el encuentro de Jesús con Pedro y los otros discípulos en las inolvidables noches de tempestad que narran los evangelios.

4. La misa en el Cenáculo de Jerusalén, donde a los trascendentales eventos de la Última Cena y la venida del Espíritu Santo en Pentecostés, para nuestro pequeño grupo se añadía el íntimo y familiar recuerdo de la última misa celebrada antes de fallecer a su regreso a Roma, por el beato Álvaro del Portillo, sucesor de san Josemaría al frente del Opus Dei, en su único e histórico viaje a Israel en marzo de 1994.

Tendría que añadir muchas otras cosas, pero lamentablemente no dispongo de espacio. Sólo dos palabras latinas para terminar: *Deo gratias!*

Santa Fe, Ciudad de México, marzo de 2016

Con san Josemaría a la Villa de Guadalupe

Una ocasión privilegiada

Como bien sabemos, el papa Francisco ha querido que todos en la Iglesia vivamos un Año Santo de la Misericordia; una ocasión privilegiada para asomarnos a la infinita bondad con que Dios nos ama y que se aprecia, mejor que nada, en la Humanidad Santísima de Jesucristo, el más fiel *rostro de la misericordia* del Padre celestial.

Todo Año Santo es una invitación a la *conversión interior*, a caer en la cuenta de nuestra pequeñez y miseria personales y a volver, como el hijo pródigo de la parábola de san Lucas, a los brazos del Padre Eterno. Esa conversión, ese paso de un estado de vida a otro, tiene un símbolo precioso en la llamada Puerta Santa que, en este caso, se ha llamado la Puerta de la Misericordia. Cruzar el umbral de esta puerta, obviamente, no es sólo un gesto material, externo. Debe ser un signo visible de un verdadero cambio interior. Es, como dice Francisco, una ocasión privilegiada para "experimentar el amor de Dios que consuela, que perdona y ofrece esperanza".[1] Y así, con el alma reconfortada por la gracia de ese encuentro personal, ir luego al encuentro de nuestros hermanos ejerciendo generosamente las diversas obras de misericordia que propone la tradición de la Iglesia. Aspirar, de verdad, como plantea el lema del Año Santo, a ser con los demás *misericordiosos como el Padre*.

Como los antiguos peregrinos

Una forma muy bella de traspasar la Puerta Santa es acompañarla de una peregrinación, porque esta piadosa y antiquísima costumbre siempre ha sido considerada por la Iglesia como una imagen del camino que cada persona

---

[1] Cfr. Francisco, Bula de convocación al Jubileo Extraordinario de la Misericordia, *Misericordiae Vultus*.

realiza en su existencia. "La vida es una peregrinación" –nos recuerda el Papa– "y el ser humano es *viator*, un peregrino que recorre su camino hasta alcanzar la meta anhelada".[2]

En la Ciudad de México, entre los diversos lugares por donde se puede atravesar la Puerta Santa destaca, de modo muy especial, la basílica de Guadalupe. Por eso, y aprovechando la proximidad de nuestra fiesta patronal, hemos organizado una visita a nuestra Madre en la Villa para el próximo sábado 11 de junio. Durante una peregrinación, recordémoslo, se reza, se medita, se dialoga con el Señor y con su Madre santa María; se hace un buen examen de la propia vida y se pide, en consecuencia, la gracia de la conversión. Luego, lo lógico es acudir a la confesión y a la Eucaristía, hacer una profesión de fe y rezar por la persona e intenciones del romano pontífice.

Hacerlo juntos, además, nos ayudará a cobrar una conciencia muy viva de esa ineludible dimensión social de nuestra vocación cristiana. Nos apoyamos unos a otros, y así nos sentimos más hermanos, con más deseos de pedir perdón y de perdonar, con un sincero afán de que nuestra reconciliación con Dios nos reconcilie también con los demás. Se suele decir, y es una gran verdad, que las penas se reducen al compartirlas; mientras que las alegrías compartidas se multiplican. Pues eso mismo es lo que queremos en esta ocasión: compartir unos con otros la hermosa experiencia de estar con la virgen María y de *sentirnos* sus hijos.

En familia

Un último detalle, pero no poco importante. Deseamos que nuestra peregrinación tenga un fuerte *acento familiar*. La antes mencionada reconciliación debe empezar, naturalmente, por los más cercanos, por los miembros de la propia familia. Ojalá que sean muchas las familias que quieran ir con

---

[2] *Idem.*

nosotros al encuentro con María de Guadalupe para que ella nos conduzca a Jesús y podamos contemplar juntos *el rostro de la misericordia del Padre*.

Me ilusiona imaginar la emocionada expresión de gozo de san Josemaría, nuestro santo patrono, acompañándonos desde el Cielo en ese alegre caminar hacia la Villa. No olvidemos que él mismo quiso peregrinar al Tepeyac y rezar, lleno de fe y confianza, ante la bendita imagen de la Guadalupana durante nueve largos días en su inolvidable viaje a México de mayo de 1970.

Santa Fe, Ciudad de México, mayo de 2016

¿Matrimonio igualitario?

A mediados del mes de mayo, los católicos de México nos encontramos con la desagradable noticia de que el presidente de la República enviaría al Congreso de la Unión una iniciativa para reconocer, constitucionalmente, el derecho humano a contraer matrimonio sin discriminación ninguna por motivo de preferencias sexuales. O, en otras palabras, para establecer en todo el territorio nacional el *matrimonio homosexual*.[1]

Como era de esperarse, la decisión presidencial fue ampliamente alabada por el poderoso sector liberal de la llamada *comentocracia mexicana*, el grupo de comunicadores de prensa, radio y televisión que más influyen en la configuración de la opinión pública entre nosotros.

Los obispos mexicanos, por su parte, pronto tomaron posición en sentido contrario. Aclararon que de ningún modo querían hacer nada que pudiera significar una posible discriminación para los derechos de estas personas; pero considerando a la vez, con el papa Francisco, que "no existe ningún fundamento para asimilar o establecer analogías, ni siquiera remotas, entre las uniones homosexuales y el designio de Dios sobre el matrimonio y la familia".[2]

El santo padre, además, ha sido particularmente enérgico al subrayar algo que tal vez esté en la raíz de nuestro caso: "Es inaceptable que las iglesias locales [las diócesis de todo el mundo] sufran presiones en esta materia y que los organismos internacionales condicionen la ayuda financiera a los países pobres a la introducción de leyes que instituyan el matrimonio entre personas del mismo sexo".[3]

Nadie se opone, obviamente, a que una pareja de personas del mismo sexo viva unida y obtenga las prestaciones legales que una *sociedad de*

---

[1] En el momento de publicar este escrito, algunos años después de su redacción original, se puede añadir que, por su carácter fuertemente polémico hacia dentro del partido político del presidente de la República en ese entonces (el Partido Revolucionario Institucional), la iniciativa no prosperó y no fue discutida ni aprobada en el Congreso. Lamentablemente a lo largo de los últimos años en las legislaturas de varios estados de la República se han ido haciendo las modificaciones necesarias para aprobar este tipo de uniones.

[2] Papa Francisco, *Amoris laetitia*, núm. 251.

[3] *Idem.*

convivencia necesita en el ámbito de seguridad social, vivienda o temas simi-lares. El punto controversial, y que debe ser cuidadosamente matizado, es que se equipare esas uniones (las aludidas *sociedades de convivencia*) al ma-trimonio tradicional de un hombre con una mujer. Sobre todo, en un punto que me parece especialmente claro: no es legítimo promover los supuestos derechos humanos de una parte de la población, en grave detrimento de los derechos humanos de otra. En concreto, en el caso que nos ocupa, los derechos de las personas homosexuales frente a los derechos de los niños. Los recién nacidos tienen todo el derecho de recibir en la familia la riqueza insustituible de la aportación masculina y femenina en los hogares donde nacen o son adoptados. Para iluminar de algún modo esta compleja situa-ción, tendremos en la parroquia una serie de conferencias en las que, con la ayuda de diversos especialistas en la materia, podremos reflexionar juntos y comprender mejor las importantes implicaciones sociales de este debate. Se desea abordar el tema desde una perspectiva multidisciplinar: bioética, antropológica y jurídica. Para luego concluir con una exposición de las en-señanzas del Magisterio de la Iglesia católica sobre el tema.

Por ahora y, para terminar, sólo decir que, en un enfoque bíblico, la pareja, el hombre y la mujer, en su común dignidad y recíproca complemen-tariedad, están llamados a ser, en el matrimonio y la familia, una *escultura viviente* del Dios creador y salvador. Y este tesoro invaluable más que oscu-recido debe ser iluminado y protegido por una adecuada política familiar tanto en el ámbito nacional como internacional.[4]

Santa Fe, Ciudad de México, julio de 2016

---

4   Cfr. *Ibidem*, núms. 11 y 52.

Arma poderosa

Lepanto

"Como en otros tiempos, ha de ser hoy el Rosario arma poderosa, para vencer en nuestra lucha interior, y para ayudar a todas las almas".[1] Con estas palabras introducía san Josemaría su conocido libro de comentarios a los distintos misterios de esta devoción mariana tantas veces bendecida por los romanos pontífices.

En efecto, en las batallas antiguas y nuevas, ya sea interiores como exteriores, la Virgen ha puesto su mano protectora para ayudar a sus hijos en los momentos de mayor dificultad. Entre los diversos casos históricos, destaca su participación en aquella dura y desproporcionada contienda que se libró en el golfo de Lepanto el 7 de octubre de 1571, entre naves cristianas y turcas musulmanas. Los biógrafos de san Pío V (fraile dominico antes de ser sucesor de san Pedro y muy devoto, por tanto, de esta oración) cuentan que el Papa tuvo el mismo día y, obviamente, sin los medios de comunicación de que ahora disponemos, la certeza de la victoria, y dio gracias a Dios y a la virgen del Rosario por su singular intervención. Poco tiempo después por este motivo se instituyó una fiesta que luego se extendió a la Iglesia universal. Actualmente, nosotros no sólo recordamos a la virgen del Rosario y a santa María de la Victoria el 7 de octubre, sino que a ella le dedicamos todo el mes.

Es, por tanto, el comienzo del mes de octubre una buena ocasión para que, como cristianos, consideremos atentamente la necesidad que tenemos de la virgen María en las actuales circunstancias. Pienso en concreto en dos temas muy vinculados entre sí: la importancia de la oración contemplativa y de la oración de petición.

---

[1]   San Josemaría, *Santo Rosario*, consideraciones del autor.

Contemplar el rostro de Jesús con María

La Iglesia siempre, pero con una especial intensidad en nuestros días, debe caracterizarse por cultivar "el arte de la oración".[2] Y es evidente que para esto tiene en María un *modelo insuperable* como ha subrayado san Juan Pablo II. Nadie como ella ha descubierto los riquísimos matices del rostro de su Hijo. Parafraseando al papa Wojtyla, diría que su mirada contemplativa se clavó en Jesús llena de adoración y asombro. Unas veces interrogando, como en el episodio del extravío en el templo; otras, escrutando el misterio de su poder divino, como en las bodas de Caná; otras más, llena de dolor, como en el Calvario; o, en fin, con una radiante esperanza como sucedió ante el Resucitado en la mañana de Pascua. Nadie como ella ha alcanzado las más altas cimas de la contemplación y nadie como ella para introducirnos en esa senda. Bien experimentado lo tenía san Josemaría cuando escribió: "El principio del camino, que tiene por final la completa locura por Jesús, es un confiado amor hacia María Santísima".[3]

Aprendamos, entonces, a contemplar a Jesús de la mano de María, rezando *bien*, en las próximas semanas, el santo Rosario. Pero junto a esto, no olvidemos que estamos también muy urgidos de su eficaz protección. Quisiera mencionar dos puntos de notable actualidad para nuestra oración de petición: *la paz* y *la familia*.

Primero la paz. Casi todos los días nos encontramos con sucesos de violencia en diferentes rincones de la geografía nacional; dolorosos episodios de sangre que nos estremecen. Pero es imprescindible ir más allá. Esa triste realidad nos debe impulsar, con María, a trabajar por la implantación de la paz. "Promover el Rosario –insistía también Juan Pablo– significa sumirse en la contemplación de Aquél que es nuestra paz". Y al contacto con Cristo todos debemos renovar el compromiso de promover la justicia, pues no hay forma de obtener la paz si no se *da a cada uno lo que le corresponde*.

---

[2]   San Juan Pablo II, *Novo millennio ineunte*, núm. 32.

[3]   San Josemaría, Prólogo en *Santo Rosario*.

Como hijos de Dios en Cristo seamos, pues, constructores de una paz con justicia por todas partes.

Proteger la santidad de la familia

Otro ámbito crucial que requiere nuestra atención y oración perseverante es la familia. Núcleo esencial de la Iglesia y de la sociedad civil, la familia en la actualidad está cada vez más amenazada por terribles fuerzas disgregadoras en los ámbitos teórico y práctico. Bien sabemos que, según el plan de Dios, la familia está fundada sobre *el matrimonio monogámico, heterosexual e indisoluble*. Pero no se nos escapa que esta bella y sabia institución se encuentra erosionada por la plaga del divorcio y la infidelidad; por el miedo a los hijos y la difusión del grave crimen del aborto; por la pérdida del mismo sentido natural de la sexualidad. Pues bien, llenos de esperanza, ante estos y otros males, tengamos por cierto que el Rosario es y será siempre *arma poderosa*, especialmente si se reza en familia.

En consecuencia, queridos hermanos, los invito a acudir a Nuestra Señora con esta preciosa devoción. Como hicimos el año pasado, también ahora rezaremos en nuestra parroquia todos los días de octubre el Rosario. Pongamos en sus manos las inquietudes que cada uno tenga en su corazón, pero confiémosle todos juntos especialmente el bien de la paz y de la familia en México y en el mundo entero.

Santa Fe, Ciudad de México, octubre de 2016

Avanzar por el camino de la misericordia

"La puerta santa del alma"

Ha terminado el Año de la Misericordia convocado por el papa Francisco. Hemos vivido en la Iglesia unos meses dedicados a considerar atentamente la ternura infinita de nuestro Padre Dios con nosotros, sus hijos. Y hemos procurado también ejercitarnos en la práctica de las obras de misericordia con nuestros hermanos los hombres.

En la parte final del rito de clausura que se realizó para toda la Iglesia fuera de Roma, el domingo 13 de este mes de noviembre se pidió a los sacerdotes que recordáramos a los presentes esta importante observación: "El Confesonario como lugar de la celebración del sacramento de la penitencia y la reconciliación, continuará siendo la Puerta Santa del alma permanentemente abierta a todos los fieles, para que atravesándola se acerquen a través del sacramento a la Misericordia divina".

Pasar por la Puerta Santa y entrar al confesonario ha sido la gran invitación que la Iglesia nos ha hecho durante estos meses. El Señor con su gracia ha querido remover las almas como sólo Él sabe hacerlo. En la intimidad de innumerables conciencias ha suscitado anhelos de conversión, de mejora, de reencuentro. Entre tantos casos, me viene a la memoria lo que ocurrió, no hace mucho, una mañana de domingo en nuestra parroquia. Llegó a Santa Fe, en breve viaje de negocios, un hombre procedente de un país europeo en el que, según dijo, la Iglesia católica tiene poca presencia. Siendo domingo, este buen señor oyó las campanas de nuestra iglesia, distinguió a lo lejos su arquitectura y decidió entrar. Apenas cruzó la puerta se encontró con la amable figura de nuestro patrono –san Josemaría– en el presbiterio. Se agolparon en su memoria entrañables recuerdos de su infancia cuando, muchos años atrás, en un club juvenil había conocido algo de su vida y de su mensaje, de la posibilidad de encontrar la santidad en la vida ordinaria. Y, sin saber muy bien por qué, decide meterse al confesonario. Se reconcilia con Dios con una confesión bien hecha tras más de cuarenta años sin hacerlo. Al salir de la iglesia, como se comprenderá, iba inmensamente feliz.

La Iglesia es madre

Al comentar el capítulo 15 de Lucas, san Ambrosio de Milán apuntaba que en la parábola de la mujer que tenía diez monedas de plata, pierde una y, acto seguido, enciende una lámpara, barre toda la casa y busca con esmero por todas partes hasta encontrarla, está hermosamente representada la Iglesia. Ella, como madre buena, nos acoge, sin cesar nos busca y, cuando tiene el gozo de encontrarnos, se llena de alegría.

No lo olvidemos. Dios, por medio de la Iglesia y de los sacramentos, nos sale al encuentro. Y no sólo este año, sino siempre. Por eso mismo, monseñor Echevarría, obispo prelado del Opus Dei, en una carta pastoral ha propuesto que no veamos el término de este Año Santo como el arribo a una meta, sino más bien como punto de partida. Como ocasión privilegiada para revitalizar nuestro amor a Dios y a nuestros hermanos los hombres. El santo padre nos ha introducido en el camino de la misericordia. Nos toca ahora, a cada uno de nosotros, avanzar con paso firme por ese sendero. El lema *misericordiosos como el Padre* es un programa para toda la vida.

Miremos, una vez más, pero con mayor atención, a la Madre de la misericordia, la virgen María. Y, como ella también nos mira con afecto, sepamos que no nos faltará su compañía en esta nueva etapa de la vida. Con palabras de Francisco: "Dirijámosle la antigua y siempre nueva oración del Salve Regina, para que nunca se canse de volver a nosotros sus ojos misericordiosos y nos haga dignos de contemplar el rostro de la misericordia, su Hijo Jesús".[1]

Santa Fe, Ciudad de México, diciembre de 2016

---

[1] Francisco, *Misericordiae Vultus*, núm. 24.

La alegría de los hijos de Dios

La dignidad del cristiano

Pasadas las fiestas del tiempo litúrgico de Navidad, nos encontramos de lleno en el llamado *tiempo ordinario*, un largo periodo en el que la Iglesia nos invita a contemplar la vida pública de nuestro Salvador en su conjunto. Pero es lógico que acometamos este nuevo segmento del año apoyados, empapados diríamos, de las cosas buenas que recordamos y revivimos en el tiempo de Navidad que acaba de terminar.

Una lección se destaca de modo claro: la profunda alegría que, generalmente, nos embarga a todos los cristianos en esta temporada. Y que, obviamente, tiene mucho que ver con los misterios que hemos celebrado. En la misa del día de Navidad, de modo solemne escuchamos, a propósito de Cristo, en el prólogo del Evangelio de san Juan: "Vino a los suyos y los suyos no lo recibieron; pero a todos los que lo recibieron les concedió poder llegar a ser hijos de Dios".[1] Ahí está la clave, la explicación última, del gozo de estos días y, de alguna manera, de toda nuestra vida: *la filiación divina*.

Los antiguos Padres de la Iglesia, esa enorme constelación de hombres sabios y santos que hubo en los primeros siglos del cristianismo, repetían con frecuencia: *El Hijo de Dios se hizo hombre, para que el hombre se hiciera hijo de Dios*. El Verbo de Dios, la Segunda Persona de la Trinidad, tomó la condición humana y la elevó a una dignidad infinita. San León Magno, papa, predicaba en una célebre homilía: "Nuestro Salvador ha nacido, alegrémonos (…). Que nadie se considere excluido de esta alegría, pues el motivo de este gozo es común a todos". Todos, efectivamente, fuimos salvados, todos obtuvimos por Cristo el perdón de nuestros pecados, todos alcanzamos la condición de ser hijos de Dios. Por eso añadía: "Reconoce, oh cristiano, tu dignidad, ya que ahora participas de la misma naturaleza divina".[2]

---

[1] San Juan 1, 11.

[2] San León Magno, *Sermón I, en la Navidad del Señor*.

El "Padre amoroso" que nos contempla

Me llamó la atención, durante estos días, leer en un breve ensayo del profesor López Quintás, a propósito de la música de Beethoven, que las estrofas del bello poema de Schiller, que el maestro incluyó en su insuperable Novena Sinfonía, más que una oda a la alegría son un himno a la fraternidad y a la filiación divina: "¡Alegres! ¡Alegres! ¡Alegres, como vuelan sus soles a través del espléndido firmamento, recorran, hermanos, su camino, alegremente, como el héroe hacia la victoria! (…) Sobre la bóveda estrellada tiene que habitar un *Padre amoroso*".

Con esta idea en la mente y con esta convicción en el corazón debemos acometer el año que comenzamos. Llenos de alegría, sabiendo que la verdad más íntima de nuestra vida es que somos hijos de Dios. Hay, ciertamente, nubarrones en el horizonte. El panorama político y económico en nuestro país y en el mundo se nos presenta confuso. A todos nos desconciertan cosas graves que están pasando en otros continentes del planeta. Lo que viene a sumarse a las graves tensiones sociales y a las muchas divisiones y violencias que encontramos en múltiples regiones de nuestro país. Pero no lo olvidemos: los grandes problemas son también grandes desafíos y grandes oportunidades. Yo propondría, desde esta modesta tribuna, para acometerlos con esperanza en este Nuevo Año, dos cosas: fe en Dios y mucho trabajo.

Sobre el trabajo escribiré, Dios mediante, en nuestro próximo encuentro. Permítanme ahora decir unas pocas palabras sobre la fe y, más específicamente, sobre esa verdad fundamental que antes mencionamos: *somos hijos de Dios*. Que no nos quepa ninguna duda: si como buenos hijos permanecemos unidos a nuestro Padre Celestial y, con su ayuda, procuramos también estar unidos entre nosotros, fortaleciendo día a día los lazos familiares y sociales; si nos apoyamos con firmeza en esta luminosa verdad de nuestra fe y en la gracia que conlleva, nos llamaremos victoriosos, venceremos todas las adversidades. Y, desde luego, no estaremos nunca tristes o pesimistas.

"Un hijo de Dios" –predicaba incansablemente san Josemaría– "no tiene ni miedo a la vida, ni miedo a la muerte, porque el fundamento de su vida espiritual es el sentido de la filiación divina: Dios es mi Padre, piensa, y es el Autor de todo bien, es toda la Bondad".[3] Y también, con mucha frecuencia, casi gritaba: "¡Que estén tristes los que no se consideren hijos de Dios!".

Pero todo esto no es sólo para *saberlo*, sino, de alguna manera para *sentirlo*, para *experimentarlo*, para *vivirlo*. Es la diferencia entre una consideración meramente abstracta y teórica, más bien fría, y una verdad luminosa y cálida que penetra en nuestras vidas llenando de luz hasta sus más íntimos rincones. Nuestro patrono lo comprendió un día de octubre de 1931. Pasaba por incontables dificultades para sacar adelante la fundación que el Señor le había pedido pocos años antes y que era percibida por muchas buenas personas como una auténtica locura. Después de un día especialmente difícil, al salir de su iglesia, compró un periódico (el *ABC*), se subió a un tranvía y, de repente, en medio de aquellos sufrimientos, se hizo la luz: "Sentí la acción del Señor que hacía germinar en mi corazón y en mis labios, con la fuerza de algo imperiosamente necesario, esta tierna invocación: *Abba! Pater!*".[4]

Él no lo olvidaría nunca y nosotros tampoco debemos olvidarlo. Sabiéndonos hijos de Dios y de la mano de Santa María, este año que comenzamos será un buen año.

Santa Fe, Ciudad de México, enero de 2017

---

[3] San Josemaría, *Forja*, núm. 987.

[4] San Josemaría, *Apuntes íntimos*, núm. 60. Citado en Andrés Vázquez de Prada, *El fundador del Opus Dei*, vol. I, pp. 389-390.

San José: ¡trabajo bien hecho!

El mes de marzo evoca en el hemisferio norte el comienzo de la primavera. En nuestra Ciudad de México, llegan poco a poco las primeras lluvias, sube la temperatura e incontables jacarandas, que discretamente pasan todo el año sin llamar la atención, parecen explotar con el intenso color morado de sus flores. En la liturgia de la Iglesia tenemos, por una parte, el tiempo de Cuaresma que cada año nos invita a preparar la gran solemnidad de la Pascua y, por otra, el recuerdo de la amable figura de san José, el esposo de la virgen María y quien, en la tierra, hizo las veces de padre de Jesús.

Hay muchas cosas buenas que aprender y meditar de la vida de san José, pero yo quisiera dedicar este espacio al tema que anuncié en nuestro encuentro anterior: el trabajo profesional. Decíamos entonces que las difíciles circunstancias económicas y sociales con que comenzamos el nuevo año podríamos afrontarlas mejor si nos apoyábamos en dos fuertes columnas: *la fe en nuestra filiación divina* que, pase lo que pase, nos debe llenar siempre de paz y de alegría; y *el trabajo bien hecho*. Pienso que para esto último san José es un buen punto de referencia.

Y es que no podemos olvidar que la mayor parte de la existencia terrena de Jesús, nuestro Salvador, transcurrió en el hogar que la Sagrada Familia tenía en Nazaret. Y que allí, junto a la convivencia familiar cotidiana, hubo siempre trabajo, mucho trabajo. El trabajo artesanal de José, el trabajo de las labores domésticas de María y el imponente y conmovedor trabajo manual del joven Jesús. No es cosa trivial que, al referirse al Señor, sus paisanos nazarenos, un tanto sorprendidos al escuchar su predicación y ver sus milagros, dijeran: "¿No es este *el artesano*, el hijo de María?"[1]

---

[1] Marcos 6, 3.

Dios trabajando en un taller de carpintería

En su maravillosa exposición del misterio del Verbo encarnado, la constitución pastoral *Gaudium et spes*, del Vaticano II, explicaba: "En Él [en Jesucristo], la naturaleza humana ha sido asumida, no absorbida;[2] por eso mismo, también en nosotros ha sido elevada a una dignidad sublime. Pues Él mismo, el Hijo de Dios, con su encarnación, se ha unido, en cierto modo, con todo hombre. Trabajó con manos de hombre, pensó con inteligencia de hombre, obró con voluntad de hombre, amó con corazón de hombre. Nacido de la virgen María, se hizo verdaderamente uno de los nuestros, en todo semejante a nosotros, excepto en el pecado".[3]

Trabajó con manos de hombre… Nuestro redentor, meditémoslo despacio, Dios hecho Hombre, no rehuyó esa llamada al trabajo que el Padre eterno marcó para todos sus hermanos cuando colocó a Adán en el Jardín del Edén "para que lo trabajara y guardara".[4] Jesús, junto a José, en aquel sencillo taller, un día tras otro, encarnó y predicó para toda la humanidad el *Evangelio del trabajo*. Esta hermosa expresión de san Juan Pablo II está recogida en su encíclica *Laborem exercens*, donde también podemos leer: "La elocuencia de la vida de Cristo es inequívoca: pertenece al 'mundo del trabajo', tiene reconocimiento y respeto por el trabajo humano; se puede decir incluso más: *él mira con amor el trabajo*, en sus diversas manifestaciones".[5]

A san Josemaría le removía hondamente el alma este aspecto de la vida de Cristo y de quien Cristo aprendió, en lo humano, a trabajar: el bueno de san José. Este patriarca, se dice en una de sus homilías, "como ningún hombre antes o después de él, ha aprendido de Jesús a estar atento para reconocer las maravillas de Dios (…) Pero si José ha aprendido de Jesús (…) me atrevería a decir que también ha enseñado muchas cosas al Hijo de Dios". Como se refleja fielmente en el bello cuadro de san José trabajando con Jesús que tenemos en la capilla de nuestra parroquia: "Jesús debía

---

2   Cfr. Concilio Constantinopolitano II, canon 7.

3   *Gaudium et spes*, núm. 22. El añadido entre corchetes es nuestro.

4   Génesis 2, 15.

5   San Juan Pablo II, *Laborem exercens*, núm. 26. El énfasis es del texto original.

parecerse a José: en el modo de trabajar, en los rasgos de su carácter, en la manera de hablar (…) en su espíritu de observación, en su modo de sentarse a la mesa y de partir el pan",[6] y en tantas cosas más.

Asomándonos a ese taller podremos aprender que el trabajo es un verdadero don de Dios y que hemos de realizarlo con la mayor perfección de que seamos capaces. Nuestro mundo en general y nuestro México en particular tienen una enorme necesidad de esta cultura cristiana y josefina del trabajo bien hecho. Abundante, intenso, ordenado, acabado en sus detalles, pero sin tensiones ni agobios. Como seguramente lo realizaría san José. Porque es evidente que él sabría interrumpir el trabajo para convivir con María y con Jesús. Sabría respetar el descanso sabático y, en determinadas épocas del año, incluso dedicar unos días a alabar a Dios. María y José, dice san Lucas, "iban todos los años a Jerusalén para la fiesta de la Pascua".[7]

Que lo mismo hagamos nosotros. Santifiquemos el trabajo ordinario, sin perder de vista que el trabajo es siempre un medio, nunca un fin. Así haremos la mejor aportación a la atribulada y cambiante época en que nos ha tocado vivir.

Santa Fe, Ciudad de México, marzo de 2017

---

[6] San Josemaría, *Es Cristo que pasa*, núm. 55.

[7] Lucas 2, 41.

La virgen de Fátima: 1917-2017

Una sorprendente aparición

Estamos en 1917. Europa se encuentra sumergida en la terrible conflagración de la primera Guerra Mundial. El domingo 13 de mayo, en un pequeño poblado del centro de Portugal, tres niños: Jacinta, Francisco y Lucia,[1] de siete, ocho y diez años, respectivamente, después de haber asistido a misa, salen en busca de sustento para sus ganados. Se dirigen a un lugar llamado Cova da Iria. Al mediodía, mientras las ovejas pastaban plácidamente y los niños se entretenían con juegos infantiles, de repente, sobre una pequeña encina, apareció una gran aureola de luz que los envolvió por completo, y en el centro descubrieron a una hermosa señora. La mayor de las niñas, sin inmutarse, le preguntó con sencillez: "¿de dónde eres, señora?". Y ésta le contestó dulcemente: "Soy del Cielo".

Así empezó todo. La Virgen les pidió luego que rezaran el Rosario y que hicieran penitencia por los pecados que se estaban cometiendo en el mundo. Las apariciones se repitieron cada día 13 hasta el mes de octubre, día en que se dio el imponente milagro del sol que presenciaron unas setenta mil personas.

En la aparición correspondiente al mes de julio, la señora pidió la consagración de Rusia a su Corazón Inmaculado. "Si esto no se hace —añadió— Rusia propagará sus errores por el mundo". Aquellos niños no sabían ni lo que era Rusia. Tres meses después, en octubre, estallaba la revolución bolchevique de la que surgiría más tarde la Unión Soviética que, con su ideología marxista, causaría una interminable cadena de atroces sufrimientos y persecuciones a los cristianos del este de Europa y de otras partes del mundo. Luego, como lo había también mencionado la Virgen, estalló la segunda Guerra Mundial con los devastadores efectos que todos conocemos.

---

[1] Alguien con autoridad me dijo una vez que así se escribía en castellano su nombre, sin acento, ya que es el femenino de Lucio, y no Lucía, como a veces se escribe.

El tercer secreto

De esa misma aparición de julio es el famoso *tercer secreto*. Redactado por sor Lucia a instancias del obispo de Leiría, en 1944. Secreto que durante décadas produjo todo tipo de especulaciones hasta que fue hecho público por san Juan Pablo II el 13 de mayo del 2000, en el contexto de la beatificación de Jacinta y Francisco. El secreto nos dice que en una misteriosa visión los niños captaron a un obispo vestido de blanco: "Tuvimos el presentimiento de que fuera el santo padre (…) subía una montaña empinada, en cuya cumbre había una gran cruz (…) llegado a la cima del monte, postrado de rodillas a los pies de la gran cruz fue muerto por un grupo de soldados que le dispararon varios tiros con armas de fuego y flechas".[2]

Según la interpretación oficial del tercer secreto realizada por la Congregación para la Doctrina de la Fe, al frente de la cual estaba entonces el cardenal Ratzinger quien luego sería Benedicto XVI, ese obispo vestido de blanco subiendo hacia la cruz era una representación simbólica de los papas que guiaron a la Iglesia durante el siglo xx, una época de mártires.

En una muy rápida síntesis –es lo que nos permite el espacio de esta intervención– llegamos a 1978, donde la Providencia coloca al frente de la Iglesia a un papa de origen polaco, de un país, por tanto, comunista, sometido al yugo del imperio soviético. Y, además, como es reconocido por todos, profundamente devoto de María: *Totus tuus* (Todo tuyo, refiriéndose a nuestra Señora) quiso poner como lema en su escudo papal. Juan Pablo II, entre tantos otros objetivos, promovió en el mundo entero con una impresionante tenacidad la libertad religiosa que el marxismo materialista y ateo impedía en muchas naciones. Las consecuencias no se hicieron esperar y el 13 de mayo de 1981 un perturbado joven turco, llamado Alí Agca, atentó contra su vida en la Plaza de San Pedro. Pero, como siempre explicó el propio santo padre, "un dedo presionó el gatillo" (el del agresor) y "otro dedo condujo la bala" (el de la Virgen). Nuestra Señora de Fátima lo cuidó en su día, y como muestra de gratitud, el Papa donó al santuario de Fátima la bala que casi le

---

[2]   Congregación para la Doctrina de la Fe, *El mensaje de Fátima*, mayo de 2000.

quita la vida. Tiempo después, las autoridades del santuario quisieron ponerla en la corona que adorna la cabeza de la imagen en las grandes ocasiones.

Estamos a punto de celebrar el primer centenario de estas apariciones. En el mundo católico, con este motivo, se han organizado diversos eventos. Entre ellos destaca por su trascendencia la canonización de Jacinta y Francisco que, Dios mediante, realizará el papa Francisco en el santuario portugués recién restaurado. Un acontecimiento que llena de alegría a toda la Iglesia y que nos invita a reflexionar seriamente en el mensaje de Fátima: oración y penitencia; rezo devoto del Rosario, preferentemente en familia, y desagravio generoso por los pecados que los hombres no dejamos de cometer. En nuestro próximo encuentro comentaremos la devoción que nuestro patrono san Josemaría tuvo a la virgen de Fátima, y su personal amistad con sor Lucia.

Santa Fe, Ciudad de México, mayo de 2017

San Josemaría y la virgen de Fátima

En nuestro editorial anterior, con motivo del centenario de Fátima, expusimos muy sintéticamente algunos de los rasgos más destacados de las apariciones de santa María en Cova da Iria, Portugal. Así como su repercusión en la vida de la Iglesia y del mundo en estos intensos cien años. Anticipamos también que dedicaríamos nuestro siguiente texto a la devoción que san Josemaría, nuestro querido patrono, tuvo a esa advocación de la Virgen y su personal amistad con sor Lucia, la mayor de los niños videntes.

A principios de 1945, cuando se acercaba el final de la segunda Guerra Mundial, san Josemaría se desplaza de Madrid a la ciudad gallega de Tuy, casi en la frontera con Portugal, para visitar a un antiguo y muy querido amigo suyo, el P. José López Ortiz, fraile agustino que unos meses antes ha sido nombrado obispo de la diócesis. Sor Lucia dos Santos, la única sobreviviente de aquellos tres pastorcitos protagonistas del acontecimiento, se encuentra residiendo ahí.

Cuando el señor obispo le pregunta si le gustaría conocer a la religiosa, san Josemaría responde inmediatamente: "¡Me daría mucha alegría!". Y, efectivamente, se realiza aquel primer encuentro en el mismo palacio episcopal. Algunos años después, en una reunión de familia, el fundador del Opus Dei recordaría que la vidente le pidió que la Obra se estableciera en Portugal. Y con ánimo de concertar lo antes posible una entrevista del fundador con las autoridades eclesiásticas correspondientes, puesto que en ese momento no disponían de pasaportes, ella se ofreció a resolver el problema enseguida. Tomó el teléfono, llamó a Lisboa e inmediatamente se consiguieron los documentos necesarios para pasar la frontera. Por eso, era frecuente que al verse san Josemaría le dijese que ella (sor Lucia) tenía una buena parte de *la culpa* de que el Opus Dei hubiera comenzado su trabajo apostólico en aquel país.

Otro detalle significativo de esa primera entrevista, referido por uno de sus biógrafos,[1] fue que, en cuanto se vieron, san Josemaría le dijo: "Sor

---

[1] F. Gondrand, *Al paso de Dios.*

Lucia: con todo lo que hablan de usted y de mí, ¡si encima nos vamos al infierno!". La vidente guardó un momento de silencio, muy pensativa, y comentó humildemente: "También yo he pensado en eso muchas veces".

En otra biografía se consigna que, tras la muerte de san Josemaría, sor Lucia puso por escrito su testimonio de aquella entrevista (y de otras sucesivas) con estas palabras: "Todas cuantas veces he hablado con Mons. Escrivá he sacado la impresión de que era un alma llena de amor de Dios y de amor a Nuestra Señora, a la santa Iglesia, al santo padre y a las almas, que trataba de salvar a todos con todos cuantos medios disponía. Espero que, en el Cielo, cerca de Dios y de la Virgen, se acuerde de mí".[2]

La primera visita de nuestro patrono a la *capelinha* levantada donde se realizaron las apariciones, fue el 5 de febrero de 1945, cuando el actual santuario se encontraba en construcción. Y se podría decir, sin exagerar, que esa advocación de la Virgen le robó el corazón. En 1972, durante un viaje pastoral por aquellas tierras, decía: "Siempre que estoy en Portugal me acerco a Fátima para rezar a la Virgen. A veces vengo exclusivamente a eso, y me escapo sin dejarme ver de nadie. Tengo mucho cariño a todos los santuarios de la Virgen (…) pero Fátima me encanta de modo especial. El pueblo portugués tiene una fidelidad a la Virgen que conmueve".

Volvió luego otras veces a ese santuario. En alguna ocasión, con buen humor, decía:

Vengo a Portugal, sin que me vea nadie, y me acerco a Fátima (…) Voy encantado, feliz. Si ustedes no se ríen, les diré que, cuando estoy solo (…) beso las medallas del rosario. Llevo tantas como mi madre. Las beso una por una (…) Uno de los hijos míos portugueses me escribió y me dijo: me ha gustado verle rezar con su rosario, porque besa las medallas como las viejitas. Pedí al Señor rezar como las viejitas, teniendo doctrina de teólogo.

---

[2]   A. Sastre, *Tiempo de caminar.*

Como es sabido, san Josemaría falleció el 26 de junio de 1975 y fue canonizado por san Juan Pablo II el 6 de octubre de 2002. Fue así el primer peregrino al santuario de Fátima que ha subido a los altares. Sor Lucia, por su parte, recibió la llamada del Señor el 13 de febrero de 2005, cuando se encontraba en el Carmelo de Coímbra, después de una larga vida dedicada a difundir el mensaje de Fátima. Sus restos mortales reposan ahora junto a los de san Francisco y santa Jacinta, los otros dos pastorcitos, en el santuario.

Ambos, Lucia y san Josemaría nos recuerdan desde el Cielo la importancia y la actualidad del mensaje de la virgen en Fátima: oración y penitencia. Rezo devoto del rosario y desagravio generoso por los pecados de los hombres.

Santa Fe, Ciudad de México, julio de 2017

El mes de la Biblia, san Jerónimo
y nuestra vida interior

Padre y doctor

Es costumbre en la Iglesia, para facilitar la piedad de los fieles, dedicar algunos meses del año a determinadas devociones. Así, el mes de marzo está dedicado a san José, el de mayo a la virgen María o el de junio al Sagrado Corazón de Jesús. El mes de septiembre, que en México tiene fuertes resonancias patrióticas, entre los católicos del mundo entero se destina a la Sagrada Biblia. Y es que en el día 30 de este mes la liturgia nos recuerda con gratitud la gigantesca figura de san Jerónimo, padre y doctor, y tal vez el más ferviente estudioso de los textos sagrados en la larga historia de la Iglesia.

Como ha enseñado Benedicto XVI, Jerónimo fue un hombre apasionado que puso en el centro de su vida la Palabra de Dios. La tradujo esmeradamente al latín, la comentó con amplitud en sus escritos y, sobre todo, se esforzó por vivirla de modo concreto y diario en su dilatada y fecunda existencia.

Por encargo del papa san Dámaso, realizó una excelente traducción de la Biblia al latín en la que volcó, con pasión, toda su rica formación literaria y su vasta erudición. Dominaba no sólo el latín (su gran inspirador en este punto había sido el filósofo, jurista y retórico Cicerón), del que fue un notable exponente especialmente en su epistolario, sino también el griego y el hebreo. Y su obra, la célebre *Vulgata* latina, con el paso del tiempo llegó a convertirse en la versión oficial de la Iglesia católica, se dice fácil, por mil seiscientos años.

De san Jerónimo, como también apuntaba el papa Benedicto en una de sus audiencias, podemos aprender muchas cosas buenas. Podemos evocar, por ejemplo, esa magnífica frase que resume el afán de toda su vida: "Desconocer la Escritura es desconocer a Cristo".[1] Como él nos enseña con su propia existencia y con sus escritos, debemos leer siempre los textos

---

[1] San Jerónimo, *Comentario a Isaías*, prólogo. Citado en el *Catecismo de la Iglesia católica*, núm. 133.

bíblicos como algo actual, como algo vivo, que nos interpela e ilumina en nuestras circunstancias personales. A la vez que nos impulsa a esa gran aventura de dar a conocer a Cristo a los que nos rodean.

La Escritura en la misa

Para conseguirlo, nada mejor que aprovechar esa deliciosa porción de alimento espiritual que diariamente se nos ofrece en la misa. No olvidemos que el lugar privilegiado para escuchar, comprender y asimilar la Palabra de Dios es siempre la liturgia de la Iglesia y, muy especialmente, la de la misa. Porque, como bien decía en el lejano siglo IV aquel otro enamorado de las Escrituras y contemporáneo de Jerónimo que fue san Hilario de Poitiers: "La Sagrada Escritura está más en el corazón de la Iglesia que en la materialidad de los libros escritos".

Podríamos citar, al respecto, lo que nos cuenta el Evangelio de san Lucas. Al comienzo de su vida pública, el Señor acude a la sinagoga de Nazaret, toma el rollo de las Escrituras y, tras la lectura de un pasaje mesiánico del profeta Isaías, se sienta y dice con solemnidad: "Hoy se ha cumplido esta Escritura que ustedes acaban de oír".[2] Lo mismo ocurre en la vida de la Iglesia hasta el día de hoy. En la liturgia de la Palabra de cada celebración eucarística, nos dice el papa Francisco: la Palabra de Dios es proclamada en la comunidad cristiana para que el día del Señor se ilumine con la luz que proviene del misterio pascual (…) Dios sigue hablando hoy con nosotros como sus amigos, se entretiene con nosotros, para ofrecernos su compañía y mostrarnos el sendero de la vida.[3]

La Iglesia nos invita este mes de septiembre a que florezca en todos nosotros "aquel suave y vivo conocimiento de la Escritura" que quería el Concilio Vaticano II.[4] Por eso, qué bien se entiende la constante exhor-

---

[2] Lucas 4, 21.

[3] Francisco, *Misericordia et misera*, núm. 6.

[4] *Sacrosanctum Concilium*, núm. 24.

tación de san Josemaría: "No leas nunca el Evangelio como agua que pasa; en él puedes aprender a tratar a Jesús". O, aquel otro consejo recogido en *Forja*: "Al abrir el Santo Evangelio, piensa que lo que allí se narra –obras y dichos de Cristo– no sólo has de saberlo, sino que has de vivirlo".[5]

Santa Fe, Ciudad de México, septiembre de 2017

---

[5]   San Josemaría, *Forja*, núm. 754.

En el umbral de la eternidad

La ciudad permanente del cristiano

Sabiamente la Iglesia, al llegar el otoño, nos invita a recordar las verdades últimas de la vida. Esas que habrán de definir nuestro destino eterno y que la tradición llama *postrimerías*. Es un hecho incontrovertible que todos estamos de paso en este mundo. Lo confirma la sentencia de la Escritura: "No tenemos aquí ciudad permanente, sino que vamos en busca de la venidera".[1]

Quisiera ahora recordar en particular la primera de estas verdades y, de alguna manera, la condición para todas las demás: *la muerte*. Se trata, evidentemente, de un tema difícil. *Frente a la muerte*, nos enseña un documento de la Iglesia, "el enigma de la condición humana alcanza su cumbre".[2]

Podemos rebelarnos ante ella, asustarnos o, tristemente, resignarnos. Pero en ningún caso podremos evitarla. Con hondo realismo enseñaba san Agustín en uno de sus sermones: "Cuando nace un hombre se hacen diversas hipótesis sobre su existencia: será tal vez hermoso o feo, rico o pobre; puede ser que llegue a viejo o no… pero ninguno dice: quizás muera o no. Ésta [la muerte] es la única cosa absolutamente cierta de la vida: todos vamos a morir (…) La muerte es una enfermedad crónica que se contrae al nacer".[3]

Un rico insensato

Por tanto, si se trata de algo fatal, inevitable, resulta lógico que lo abordemos de frente y con la mayor serenidad posible. Y es eso, justamente, lo que nos recomienda la Iglesia en este mes de noviembre dedicado a los

---

[1]   Hebreos 13, 14.

[2]   *Gaudium et spes*, núm. 18.

[3]   San Agustín, sermón citado por R. Cantalamessa, *Hermana muerte*, pp. 11-12.

fieles difuntos. Invitándonos, como siempre, a apoyarnos en las palabras del Señor.

En el Evangelio de san Lucas, se recoge la parábola de Jesús del Rico Insensato. Un hombre que, tras obtener una enorme cosecha, no pensó en otra cosa que en darse a la buena vida. Cuando se disponía a disfrutar a sus anchas de todo aquello, Dios le dijo: "Insensato, esta misma noche vas a morir. ¿Para quién serán todos tus bienes?". Y, enfatizando la lección, concluye: "Lo mismo le pasa al que amontona riquezas para sí mismo y no se hace rico de lo que vale ante Dios".[4] ¡Cuántas veces nos pasa lo mismo a nosotros! Incontables personas, a veces muy cercanas, nunca piensan en la muerte y se quedan petrificadas de miedo cuando les sale al encuentro, con crudeza, en el momento menos pensado. Bastaría, para comprobarlo, evocar los sismos recientes.[5]

Así pues, aprovechemos la liturgia de la Iglesia no sólo para rezar por nuestros queridos fieles difuntos durante este mes, sino también para meditar en nuestra propia muerte. De modo que, en lugar de verla como una terrible enemiga, la convirtamos en lo que realmente es, una buena amiga, más aún, en *nuestra hermana*. San Josemaría, siguiendo en esto a san Francisco de Asís, así la llamaba con cariño: "No tengas miedo a la muerte. –Acéptala, desde ahora, generosamente…, cuando Dios quiera…, como Dios quiera…, donde Dios quiera. –No lo dudes: vendrá en el tiempo, en el lugar y del modo que más convenga…, enviada por tu Padre-Dios. –¡Bienvenida sea nuestra hermana la muerte!".[6]

La caída de las hojas

Podríamos proponernos, en concreto, que su frecuente consideración nos impulse a conseguir dos cosas buenas: 1. Un conveniente *desprendimiento*

---

[4]   Lucas 12, 20-21.

[5]   Como se recordará, el 17 de septiembre de 2017, al medio día, un fuerte movimiento de suelo, acompañado de algunas réplicas, golpeó con dureza a la Ciudad de México y a sus alrededores.

[6]   San Josemaría, *Camino*, núm. 739.

cristiano de las cosas de aquí abajo; y 2. Un *aprovechamiento* cada vez más eficaz del tiempo de vida que el Señor quiera concedernos.

Sobre el *desprendimiento*, recordemos que soltar las amarras de las cosas terrenas, aunque a todos nos cuesta, es un saludable ejercicio que amplía y fortalece nuestra libertad interior. Intentémoslo en estos días con la ayuda de nuestra Madre Santa María. "Señora –decía también nuestro patrono– ¡que apenas logro remontar el vuelo!, ¡que la tierra me atrae como un imán maldito! –Señora, Tú puedes hacer que mi alma se lance al vuelo definitivo y glorioso, que tiene su fin el Corazón de Dios".[7] Cuando nos llegue el momento de entregar nuestra alma al Señor –momento que llegará inexorablemente– es evidente que no nos vamos a llevar al otro mundo nada material. Eso nunca se ha visto ni se verá. Sólo podremos presentar a Jesús al momento de nuestro juicio particular las obras buenas que hayamos hecho.

Sobre el *aprovechamiento del tiempo*, el segundo fruto de la consideración de la muerte antes mencionado, diría que se trata de un tema muy importante y que lamentablemente ya no dispongo de espacio para desarrollarlo. Sólo quisiera apuntar una consideración breve y sustanciosa, también de la pluma de san Josemaría: "El tiempo es nuestro tesoro, el dinero para comprar la eternidad".[8] No lo desperdiciemos en bobadas.

Que en estas semanas de otoño, por tanto, cuando veamos caer las hojas secas, poética imagen de la fugacidad de nuestra existencia terrena, no tengamos miedo a la muerte y sepamos aprovechar bien la vida.

Santa Fe, Ciudad de México, noviembre de 2017

---

[7] San Josemaría, *Forja*, núm. 994.

[8] San Josemaría, *Surco*, núm. 882.

"Podemos arreglarlo"

Una bonita canción

Una tarde de primavera, a mediados de los sesenta, es decir, hace muchos, muchos años, al llegar a la casa de un amigo en Monterrey me encontré con la agradable sorpresa de que su hermano mayor acababa de comprar el último disco de los Beatles. Supongo que lo habría conseguido en el sur de los Estados Unidos, en McAllen tal vez. Lo cierto es que él estaba encantado con su adquisición y particularmente fascinado con una de sus canciones. Cuando nosotros llegamos a la sala de estar ya la había escuchado en varias ocasiones y, al vernos, nos la puso dos o tres veces más. Se trataba de un notable éxito colocado rápidamente en los primeros lugares de popularidad a ambos lados del Atlántico. La pieza, compuesta por Lennon y McCartney, tenía además de una bonita melodía y buen ritmo, una letra sugerente que invitaba al entendimiento recíproco y a la reconciliación: *Podemos arreglarlo (We can work it out)*.

Esta pequeña anécdota me vino a la memoria hace unas semanas cuando supe que en el espectacular concierto de Paul McCartney, en el estadio Azteca, de octubre pasado, en un momento intensamente emotivo, el cantante dedicó precisamente esta canción a su querida audiencia, muy golpeada tras los sismos de septiembre: *Podemos arreglarlo*, los animó. "La vida es muy corta —dice el texto— y es un crimen perder el tiempo en quejas y discusiones". Hay que mirar hacia delante y trabajar. Debo admitir que a la enorme simpatía que ya de por sí siempre me ha inspirado McCartney, se añade ahora una especial gratitud por este fino detalle de aliento para con nuestra atribulada y algo derrumbada Ciudad de México.

Mirando en retrospectiva los sismos de septiembre, sin embargo, no todo fue terrible. Surgieron muchas cosas valiosas que vale la pena recordar. Ante todo, como en el inolvidable terremoto del 85, la generosa solidaridad de la gente joven (y menos joven) que salió a la calle a ayudar como se pudiera a quien estaba damnificado; las brigadas de rescate en busca de sobrevivientes en medio de los escombros, la adecuada coordinación entre las autoridades y la sociedad civil, la maravillosa afluencia de bienes a los centros de acopio, los grupos de apoyo de diversos países, y tantas y tantas cosas más.

"Escombros y semillas"

Leí con satisfacción en un ejemplar de *Letras Libres*, que Enrique Krauze evocaba a su amigo Octavio Paz en un revelador escrito de 1985: *Escombros y semillas*. Es claro que de aquellas tristes ruinas felizmente para todos surgieron las semillas de un México mejor. Y es eso, exactamente, lo que todos deseamos ahora. Que pasado el primer impulso, se abra camino una doble respuesta ante la tragedia. Por una parte, la reflexión sobre lo que se pueda hacer para prevenir las cosas ya sea en el ámbito de los reglamentos de construcción (combatiendo con la tenacidad necesaria la endémica corrupción que padecemos) como en el incremento de nuestra capacidad de respuesta en lo referente a la protección civil.

Pero, por otra parte, y esto toca más de cerca a los probables lectores de este texto, debemos seguir trabajando cada vez mejor coordinados en la gran tarea de la reconstrucción de las áreas damnificadas del país. Hay múltiples iniciativas en marcha por todas partes. En el Centro Comunitario Santa Fe, tan querido y cercano a nuestra parroquia, por ejemplo, se está explorando la posibilidad de brindar apoyo a algunos de estos proyectos, especialmente en las muy cercanas barrancas de Cuajimalpa.

En suajili, la lengua bantú del este de África, hay un hermoso vocablo que se suele emplear cuando un grupo de personas de un pueblo o tribu se deciden a trabajar unidos y con entusiasmo: *Harambee*. En estos momentos, al comenzar el Año Nuevo, ante las diversas iniciativas de reconstrucción, los mexicanos tenemos que trabajar así, unidos y entusiastas. Todas las aportaciones son bienvenidas: oración, donativos en efectivo o en especie, horas de trabajo manual…

Cómo nos recordó Paul en su concierto, entre todos *Podemos arreglarlo (We can work it out)*.

Santa Fe, Ciudad de México, enero de 2018

Verdad, posverdad, proverdad y elecciones en México

Un concepto luminoso

En la Doctrina Social de la Iglesia encontramos un concepto de notable importancia: *el bien común*. Por bien común, nos dice el Catecismo, debemos entender ese "conjunto de condiciones de la vida social que permiten a los grupos y a cada uno de sus miembros conseguir más plena y fácilmente su propia perfección".[1]

Ahora bien, para lograr ese noble y elevado objetivo, se requiere de la *participación* de todos los integrantes de una comunidad. Sólo si todos participamos voluntaria y generosamente en la tarea que nos corresponde, cada quien en su lugar,[2] se podrá conseguir que nuestra sociedad se aproxime a esos tres grandes componentes del bien común que nos enseña la Iglesia: 1. El indispensable respeto a *los derechos fundamentales* de todos; 2. Un mínimo de *bienestar social* (alimento, trabajo, vivienda, salud, etc.), y 3. *La paz*, entendida como estabilidad y seguridad en un orden justo.[3]

Construir el bien común de México implica, pues, que todos nos comprometamos en primer lugar en atender bien a nuestras propias familias, velando que no les falte el debido sustento y una adecuada educación. Lo que habitualmente se logrará con el cumplimiento fiel de las exigencias del propio trabajo profesional. Esto es indispensable, no podemos *ser candil de la calle y oscuridad de la casa*, pero la Iglesia nos pide más. Los fieles católicos, especialmente los laicos, como ciudadanos que son de la ciudad terrena, deben tomar parte activa en la vida pública.[4]

---

[1] *Catecismo de la Iglesia católica*, núm. 1906.

[2] Cfr. *Ibidem*, núm. 1913.

[3] Cfr. *Ibidem*, núm. 1907.

[4] Cfr. *Ibidem*, núm. 1915.

Tiempo de elecciones

Está comenzando en nuestro país un importante proceso electoral en el que se busca a las personas más idóneas para desempeñar cargos de mucha responsabilidad y trascendencia para la sociedad. Como católicos, no podemos desentendernos de ese crucial tema. Al contrario, los fieles laicos, repito, deben protagonizar el arduo combate por establecer la paz y la justicia en la sociedad. No es posible acostumbrarse a las graves violaciones a la dignidad humana que diariamente apreciamos en los medios de comunicación. El bien común no puede ser sólo un concepto teórico. Debe implantarse en las diversas estructuras de la sociedad, con la colaboración de todos. Debe ser una realidad para todos y hasta en el último rincón del país.

Podríamos preguntarnos, ¿por dónde empezar?, ¿qué hacer aquí y ahora para evitar la pobreza, la desigualdad, la violencia o la corrupción? La respuesta personal a estas cuestiones, como podrá comprenderse, depende de muchos factores: edad, preparación, trabajo profesional, capacidad económica... Lo que está claro, repito, es que debemos actuar. No limitarnos a constatar pasivamente el deterioro del tejido social. En concreto, ante las próximas elecciones, tenemos a la mano un arma poderosa: *nuestro voto razonado*.

Pasión por la verdad

Si observamos atentamente el diario acontecer nacional descubriremos que detrás de muchas formas de desintegración social está presente un grave problema moral: *la mentira*. Tenemos que ser amigos de la verdad, es más, amarla apasionadamente. "Como proponía san Josemaría, estar dispuestos nosotros 'a sufrir por la verdad', antes que 'la verdad tenga que sufrir' por nosotros".[5] Y, en consecuencia, rechazar toda forma de mentira a nuestro alrededor. Lo que implicará, lógicamente, exigir también que esos aspirantes

---

[5] San Josemaría, *Surco*, núm. 567.

a los cargos de elección popular nos hablen con la verdad: *¡que no nos mientan!*

La tendencia a la mentira es muy antigua en la condición humana. Con una punta de buen humor y refiriéndose a esas engañosas noticias basadas en datos inexistentes o distorsionados, las dichosas *fake news*, el santo padre Francisco ha querido recordar recientemente que la primera mentira, la primera *fake new* de la historia se dio en el Paraíso terrenal, cuando la *astuta serpiente* engañó a Adán y Eva con las trágicas consecuencias que todos conocemos.[6] El tema, por tanto, es antiguo, pero en los últimos años y con los actuales medios de comunicación, especialmente con las redes sociales, se ha magnificado. El Papa se apoya en una escalofriante cita de Dostoyevski en *Los hermanos Karamasov*:

> Quien se miente a sí mismo y escucha sus propias mentiras, llega al punto de no poder distinguir la verdad, ni dentro de sí mismo ni en torno a sí, y de este modo comienza a perder el respeto a sí mismo y a los demás. Luego, como ya no estima a nadie, deja también de amar, y para distraer el tedio que produce la falta de cariño y ocuparse en algo, se entrega a las pasiones y a los placeres más bajos; y por culpa de sus vicios, se hace como una bestia. Y todo esto deriva del continuo mentir a los demás y a sí mismo.

Posverdad: mentira emotiva

Observadores atentos de nuestro tiempo han acuñado un neologismo que refleja bien la atmósfera en la que nos encontramos inmersos: la posverdad (*post-truth*). El diccionario de la Real Academia Española no hace mucho definió este término como: "Distorsión deliberada de una realidad, que manipula creencias y emociones con el fin de influir en la opinión pública y en actitudes sociales".

---

[6] Francisco, *Mensaje para la Jornada Mundial de las Comunicaciones Sociales*, 24 de enero de 2018.

Se trata, como se puede apreciar, de una vil mentira, pero revestida de emotividad. Una mentira que se elabora hábilmente para engañar a quien tiene una cierta propensión a aceptarla. Con ella se abre una brecha, que muy difícilmente se cierra, entre lo dicho por ciertos políticos o por ciertos medios afines a ellos, y la misma realidad. Una vez que se ha lanzado la mentira, los hechos casi no cuentan. Lo hemos visto en procesos electorales de países muy diversos como Estados Unidos, Polonia o Turquía. Y, por supuesto, lo apreciamos ahora en México.

Un buen punto de partida, insisto, es que nos hagamos cada vez más amigos de la verdad. Al morir Platón, su amado maestro, Aristóteles tuvo que tomar una decisión difícil. No estaba de acuerdo con la sucesión en el mando de la Academia (la escuela en la que había permanecido por veinte años) y con la orientación filosófica que esas nuevas autoridades daban a los alumnos. Y tuvo que abandonarla no sin antes pronunciar una magnífica sentencia que se difundió por el mundo en su versión latina: *Amicus Plato, magis amica veritas* (Soy amigo de Platón, pero más amigo de la verdad).

Nosotros igual. Si hay alguien que con insolencia nos propone esas brutales o sutiles distorsiones, que sepamos rechazarlas con energía. Que, ante tantos agentes de la posverdad, seamos, humilde, tenaz y valientemente, agentes de la *proverdad* (*pro-truth*), como no hace mucho postulaba la revista *The Economist*.[7]

Santa Fe, Ciudad de México, febrero de 2018

---

[7] "The art of lie", en *The Economist*, 10 de septiembre de 2016.

"Participar para transformar"

Las imperfecciones de la democracia

Se atribuye a Winston Churchill la afirmación de que "la democracia es el peor de los sistemas políticos, con excepción de todos los demás". Me parece una gran verdad. La democracia tiene muchas limitaciones y fragilidades. Bastaría para comprobarlo, como también afirmaba este gran estadista inglés, *conversar cinco minutos con el votante medio*. Sin embargo, no lo olvidemos, es lo menos malo que se ha inventado para organizar la convivencia social. Y ha probado su relativa eficacia a lo largo de la historia, en medio de múltiples turbulencias.

En México, tras abrumadores esfuerzos, conseguimos entre todos implantar un sistema político más o menos democrático. Un sistema que está muy lejos de tenernos a todos contentos, pero que indudablemente es menos malo que el autoritarismo que hasta hace poco nos dominaba.

En todas las democracias hay problemas. Tanto en las maduras y consolidadas como en las jóvenes y vacilantes, como la nuestra. Mirando con serenidad y objetividad a nuestra actual realidad sociopolítica, es imposible no sufrir por la terrible presencia de lo que alguien (E. Krauze) ha denominado *los cuatro jinetes del Apocalipsis de México*: la corrupción, la inseguridad y la violencia, la desigualdad social y la impunidad.

No se trata de ser catastrofistas y, mucho menos aún, pesimistas. Los cristianos, por definición, somos optimistas porque sabemos que Cristo, nuestro modelo y Salvador, venció en la cruz al pecado, al demonio y a la muerte, los grandes enemigos de nuestra felicidad. Y los venció para siempre. En el propio libro del Apocalipsis, junto a los jinetes de la guerra, del hambre y de la muerte, aparece lleno de gloria el propio Jesucristo montado en un caballo blanco y con ademán victorioso.[1] No podemos ser pesimistas,

---

[1] Cfr. Apocalipsis 6.

desde luego, pero tampoco ingenuos. Nuestro querido México está pasando por serios problemas que tenemos que afrontar y resolver entre todos.

Ante las deficiencias de la democracia, destacados pensadores contemporáneos han subrayado la importancia de un concepto central y básico: *la ciudadanía participativa*. Se puede decir, sin exageración, que es "tema estelar en los actuales estudios sociopolíticos".[2]

Si amamos a nuestra patria y queremos de verdad que se abra camino a una nueva etapa de prosperidad y justicia social, si queremos, como cristianos, implantar ese rico concepto de *bien común* que nos propone la Doctrina Social de la Iglesia y que desglosamos brevemente en nuestro editorial anterior, tenemos –todos– la obligación de ser ciudadanos participativos. No quedarnos pasmados e inertes ante un tejido social que parece desmoronarse en nuestras manos.

Orientaciones puntuales de nuestros pastores

Los obispos mexicanos, de cara a las próximas elecciones, han publicado un documento oficial con el sugestivo título: *Participar para transformar*. Como punto de partida nos recuerdan una verdad fundamental: "Participar en la vida cívica y política de nuestras comunidades es una obligación ciudadana y cristiana" (núm. 1). Y, a continuación, nos ofrecen unas orientaciones para cumplir mejor con la obligación moral de elegir a nuestros gobernantes.

Es claro, se apunta con palabras de Pablo VI, que "es necesario reconocer una legítima variedad de opciones políticas posibles. Una misma fe cristiana puede conducir a compromisos diferentes" (núm. 2). Y esto significa que los fieles tienen libertad para elegir en conciencia, de acuerdo con los principios y valores cristianos, las opciones que consideren más adecuadas en sus circunstancias concretas. Buscando, eso sí, lo que favorezca una vida libre y digna para todas las personas: el respeto a la vida humana desde su fecundación hasta su muerte natural, la importancia del matrimonio

---

2   Cfr., por ejemplo, A. Llano, *Humanismo cívico*.

heterosexual y monogámico, la vigencia de la plena libertad religiosa, la centralidad ética y social que poseen los más pobres y excluidos de nuestra sociedad, etcétera.

Teniendo esto en cuenta, es imprescindible hacer con esfuerzo, siguen proponiendo nuestros obispos, un auténtico discernimiento crítico, que nos permita apuntar a la consecución de estos valores. Y, más en concreto (núm. 3):

- Ejercer razonablemente el voto. Participar.
- Orar en familia y en comunidad para que la jornada electoral se realice en paz y armonía.
- Buscar el *bien posible*, evitando a toda costa el *mal menor*. En contextos complejos e imperfectos esto significa impulsar lo que aporte al *bien común, a la paz, a la seguridad, a la justicia y al respeto por los derechos humanos*.
- *Elegir a las personas*. Es decir, realizar el discernimiento crítico que antes mencionamos para escoger prudente y responsablemente a la persona más idónea para cada cargo, evitando la comodidad o la superficialidad de *votar en bloque* y rechazando con firmeza *la compra del voto*.

En resumen, añado yo, no olvidar que tenemos en el voto (nuestro único voto) una herramienta clave para construir el *México que todos queremos*. Que aprovechemos este tiempo previo al primero de julio para reflexionar, para dialogar serenamente entre nosotros y, sobre todo, para pedir luces al Señor con el objeto de acertar en nuestra elección. ¡Santa María de Guadalupe: ilumina a tus hijos mexicanos!

Santa Fe, Ciudad de México, abril de 2018

Participación responsable en la vida pública

Un compromiso voluntario y generoso

Hace algunos años, al caer el Muro de Berlín, con la espectacular transformación geopolítica que implicó, san Juan Pablo II escribió una encíclica social, la *Centesimus annus*, en la que decía: "La Iglesia aprecia el sistema de la democracia, en la medida en que asegura *la participación de los ciudadanos* en las opciones políticas y garantiza a los gobernados la posibilidad de elegir y controlar a sus propios gobernantes, o bien, la de sustituirlos oportunamente de manera pacífica".[1]

En los dos últimos editoriales hemos abordado el delicado momento que está viviendo nuestra joven democracia mexicana con motivo de las elecciones del primero de julio de este 2018. Escribo estas reflexiones cuando quedan apenas quince días para su realización. Y, aunque hay tendencias y encuestas diversas, nadie puede asegurar con certeza quién será el ganador.

Hemos insistido desde este espacio en la importancia de votar, pero no sólo de votar. Al margen del resultado de las elecciones, debe destacarse que el desempeño de las diversas autoridades será mejor o peor para el país, en la medida en que nosotros, los ciudadanos, nos empeñamos en *participar*. Es decir, en la medida en que no perdamos de vista la gran meta de construir entre todos una *democracia participativa*.

La participación en sentido antropológico, nos dicen los expertos, tiene una doble vertiente. Se puede entender en sentido *activo* o *pasivo*. Es *pasiva* cuando hablamos de recibir una parte de un bien material (una rebanada de pastel, por ejemplo) o una información concreta (cuando se nos participa la noticia de una próxima boda). Es *activa* y, evidentemente es ésta la que aquí nos interesa, cuando libremente decidimos tomar parte, participar, en un empeño compartido con otras personas. En el ámbito de la vida

---

[1]   San Juan Pablo II, *Centesimus annus*, núm. 46.

pública, la Iglesia nos enseña en el Catecismo que participación es "el compromiso voluntario y generoso en los intercambios sociales".[2]

Cuidar y perfeccionar nuestra joven democracia

Octavio Paz, reflexionando sobre este tema, hace unos años escribió: "La unión entre libertad y democracia [participativa] ha sido el gran logro de las sociedades modernas. Logro precario, frágil y desfigurado por injusticias y horrores; así mismo, logro extraordinario y que tiene algo de accidental y milagroso". Algunos pueblos no han conocido nunca este sistema de gobierno; otros, lamentablemente, después de haberlo disfrutado por algún tiempo, lo han perdido. A nosotros nos toca no sólo no perder nuestra frágil democracia, sino empeñarnos con toda el alma en su gradual perfeccionamiento.

El gran tema que los ciudadanos tenemos por delante, tras la jornada electoral, será el exigir a todos los funcionarios elegidos el cumplimiento de su misión. Que actúen, en todo momento, conforme a derecho, cumpliendo las normas jurídicas que a todos nos rigen, especialmente la Constitución. Es obvio que no me refiero sólo a los que detentarán el poder ejecutivo, sino también, por la enorme trascendencia para el país, a los legisladores de nivel federal o local, que habrán de redactar las leyes que regulen nuestra convivencia social.

A nosotros, como ciudadanos, nos toca asegurar, insistimos, que sus actuaciones contribuyan realmente al *bien común*, con sus tres componentes: *a)* garantía de los *derechos fundamentales* de todos; *b)* consecución del mayor *bienestar social* posible, y *c)* conquista de una *paz* verdadera y estable. Sin duda ninguna, el gran anhelo de todos los mexicanos.

Además de la importante participación en el ámbito de la familia o del trabajo profesional, no podemos quitar el dedo del renglón en lo referente a la *vida pública*. Aunque esto puede variar mucho dependiendo de las circunstancias de cada región, es claro que, en general, en México somos

---

[2] *Catecismo de la Iglesia católica*, núm. 1913.

tradicionalmente apáticos en el tema. Y que, justamente por esa apatía, luego resulta que las decisiones de relevancia social se toman al margen y muchas veces en contra de nuestros valores cristianos.

Información y participación

El Compendio de la Doctrina Social de la Iglesia señala con toda precisión que la participación democrática tiene en la *información* uno de sus principales instrumentos. "Es impensable una [atinada] participación sin el conocimiento de los problemas de la comunidad política" a la que se pertenece.[3] Ahora bien, un obstáculo para acceder a esa información objetiva y veraz era, antiguamente, la concentración de poder de ciertas empresas televisivas o periodísticas, con la consiguiente y casi inevitable manipulación, pero todo eso con las redes sociales está cambiando vertiginosamente.

En la actualidad, la información se ha *democratizado*. El peligro está más bien en la sobreabundancia de información y en la dificultad para comprobar su veracidad (el conocido fenómeno de las *fake news*). Pero, en mi opinión, estamos ahora ante un problema más fácil de resolver. Hemos de buscar activamente fuentes seguras de información –con certeza las hay– y así, bien informados, incidir según nuestras posibilidades, en la resolución de los grandes problemas sociales que a todos nos afectan.

No me puedo extender más. Sólo dos puntos para terminar. Uno de tipo general: "La cuestión esencial en este ámbito es si el actual sistema informativo contribuye a hacer a la persona humana realmente mejor, es decir, más madura espiritualmente, más consciente de su dignidad humana, más responsable, más abierta a los demás, en particular a los más necesitados y los más débiles".[4] El segundo punto es más concreto. Mencionar, escuetamente, algunos temas en que es inexcusable nuestra participación: exigir una *rendición de cuentas* a los funcionarios, es decir, el responsable

---

[3] Pontificio Consejo *Justicia y Paz*, *Compendio de la Doctrina Social de la Iglesia*, núm. 414.

[4] *Ibidem*, núm. 415.

escrutinio del cumplimiento de sus promesas de campaña; el atento seguimiento de lo que aprueban o desaprueban los legisladores de nuestra circunscripción; el urgente logro de una mayor *calidad y honestidad* de los cuerpos policiales; el gran tema de dar continuidad a la *reforma educativa*: educación de calidad para todos, especialmente en las escuelas oficiales; la excelencia, según las posibilidades de cada lugar, de los *servicios públicos*, etcétera.

En alguna ocasión, san Josemaría proponía: "Ésta es tu tarea de ciudadano cristiano: contribuir a que el amor y la libertad de Cristo presidan todas las manifestaciones de la vida moderna: la cultura y la economía, el trabajo y el descanso, la vida de familia y la convivencia social".[5] Nada menos.

Los Pinos, Coahuila, junio de 2018

---

[5] San Josemaría, *Surco*, núm. 302.

Jesús, los jóvenes y la vocación

"Vengan y lo verán"

La cercanía del sínodo de obispos que se realizará en Roma el próximo mes de octubre, con el tema Los jóvenes, la fe y el discernimiento vocacional, nos invita a reflexionar sobre la permanente relación de Cristo con los jóvenes y la llamada, o *vocación*, que desde siempre les ha dirigido. Los evangelios consignan que, en el mismo comienzo de su vida pública, el Señor buscó y fue buscado por los jóvenes. San Juan, por ejemplo, nos cuenta en primera persona el fuerte e inolvidable impacto que le causó su primer encuentro con Jesús: "Maestro, ¿dónde vives?" Le preguntaron él y Andrés al Señor. Y Jesús respondió: "Vengan y lo verán. Fueron y vieron dónde vivía, y se quedaron con él aquel día". A partir de ese preciso momento (el evangelista consigna que aquello ocurrió "como a las cuatro de la tarde") todo cambió.[1] Aquellos muchachos no se apartaron del Señor en toda su vida.

Hay otros encuentros. Unos más detallados que otros. Y con resultados diversos. En los evangelios se describe un suceso muy significativo. Un buen muchacho, de comportamiento ejemplar, con educación esmerada y una desahogada posición económica, busca también a Jesús y le pregunta sobre lo que debe hacer para alcanzar la vida eterna. San Marcos apunta que el Señor fijó en él su mirada con afecto y le dijo: "Ve y vende lo que tienes, da el dinero a los pobres, y así tendrás un tesoro en los cielos. Después, ven y sígueme". Pero, lamentablemente, aquel joven al oír estas palabras "como tenía muchos bienes" se fue triste.[2]

Unos jóvenes lo siguen y otros no. Unos son fieles y perseverantes, incluso entusiastas (Juan y Santiago); otros, por el contrario, se cansan y desaniman. Hay uno, Judas Iscariote, que incluso lo llega a traicionar por un puñado de monedas de plata. Es el gran misterio de la libertad y de la

---

[1]   Juan 1, 38-39.

[2]   Cfr. Marcos 10, 17-22.

gracia que atraviesa toda la historia de la salvación. El Señor va al encuentro de los jóvenes, les ofrece su cariño y su palabra salvadora, pero, en uso de su libertad, unos responden de un modo y otros de otro. Igual que hoy.

El próximo sínodo

En una carta dirigida a los jóvenes con ocasión de la preparación del sínodo, el papa Francisco aludía a la misteriosa vocación de Abraham. El Señor le dice: "Vete de tu tierra, de tu patria y de la casa de tu padre a la tierra que yo te mostraré".[3] Unas palabras inquietantes, ciertamente incómodas. Dios saca a aquel hombre se su *zona de confort* porque quiere que se lance hacia un futuro desconocido. Todo es oscuro salvo una cosa: la promesa de que no estará solo. Dios lo acompañará.

Añadía el santo padre interpelando a los jóvenes de hoy: "Los invito a escuchar la voz de Dios que resuena en el corazón de cada uno a través del soplo vital del Espíritu Santo (…) Esa tierra nueva a la que Abraham es llamado, ¿no es acaso para ustedes aquella sociedad más justa y fraterna que desean profundamente y que quieren construir hasta en las periferias del mundo?".[4]

Los jóvenes de hoy y de todos los tiempos tienen inseguridades y esperanzas, heridas y sueños, luchas y sufrimientos. Viven en un mundo hipercomunicativo e hiperconectado, pero no pocas veces experimentan una profunda soledad. Y, cuando Dios se acerca a sus vidas, cuando Cristo los mira con ese cariño que sólo Él sabe dar, los jóvenes se estremecen. El miedo aparece y, no pocas veces, los paraliza.

Los adultos, a quienes nos compete, por diversos motivos, acompañar y orientar a los jóvenes, constantemente nos preguntamos: "¿Cómo se puede ayudar a los jóvenes de hoy a percibir esa especial llamada que Dios dirige a quienes ama con predilección?, ¿cómo ayudarles a discernir

---

[3]   Génesis 12, 1.

[4]   Francisco, *Carta a jóvenes*, enero de 2017.

la vocación y a secundarla con generosidad?, ¿cómo –sobre todo– animarlos para vencer ese intenso miedo al fracaso que suele aparecer en los momentos cruciales de la vida?". No es fácil ofrecer una respuesta matizada y completa a estas interrogantes. Y, desde luego, hay que evitar fáciles simplificaciones. Estamos ante un insondable misterio (el íntimo y personalísimo encuentro entre un alma y Dios) y, por tanto, sólo es razonable realizar, con la ayuda de la fe, una aproximación modesta y fragmentaria.

No ser eternamente niños

Todos en la Iglesia confiamos en que el Espíritu Santo ilumine a los padres sinodales y al Papa para que nos ofrezcan el fruto de esas reflexiones en un documento posterior. Pero puestos a decir algo aprovechable en estos momentos, podríamos acudir a la lucidez con que Benedicto XVI trataba el tema en el año 2009. Dirigiéndose también a los jóvenes y a propósito del complejo tema del ejercicio de la libertad personal, les explicaba:

> El mundo vive en continuo movimiento y la vida está llena de posibilidades (cada vez más amplias, añadimos nosotros, con los actuales medios de comunicación). ¿Podré disponer en este momento por completo de mi vida sin saber los imprevistos que me esperan? ¿No será que yo, con una decisión definitiva, me juego mi libertad y me ato con mis propias manos? Éstas son las dudas que asaltan a los jóvenes y que la actual cultura individualista y hedonista exaspera. Pero cuando el joven no se decide, corre el riesgo de seguir siendo eternamente niño.

> Yo les digo a ustedes: ¡ánimo! Atrévanse a tomar decisiones definitivas, porque, en verdad éstas son las únicas que no destruyen la libertad, sino que crean su correcta orientación permitiendo avanzar y alcanzar algo grande en la vida.

En resumen, la propuesta de Benedicto es clara: la libertad crece, madura y se hace fecunda, cuando se ejercita en compromisos que valen la pena, cuando se ama de verdad. Hay, por tanto, que perder el miedo al fracaso y confiar en Jesús. Hoy como ayer, cuando la tempestad se presenta, escuchamos sus amables palabras: "Tranquilícense y no teman. Soy yo".[5]

Atinaba san Josemaría, me parece, cuando enseñaba:

La solución es amar. San Juan Apóstol escribe unas palabras que a mí me hieren mucho: *qui autem timet, no est perfectus in caritate*. Yo lo traduzco así, casi al pie de la letra: el que tiene miedo, no sabe querer.

–Luego tú, que tienes amor y sabes querer, ¡no puedes tener miedo a nada!

–¡Adelante![6]

Los Pinos, Coahuila, agosto de 2018

---

5   Mateo 14, 27.

6   San Josemaría, *Forja*, núm. 260.

La Iglesia es de Cristo, pero también nuestra

"Repara mi casa"

Cuentan los antiguos biógrafos de san Francisco de Asís que un día salió al campo a meditar y, al pasar junto a la iglesia de san Damián, que estaba en muy malas condiciones físicas, sintió un impulso del Espíritu Santo para rezar delante de un crucifijo. Fijando los ojos en él, oyó una voz interior que le decía por tres veces: *¡Francisco, vete y repara mi casa que, como ves, está a punto de derrumbarse!* En un primer momento el santo pensó que el Señor se refería a aquella pequeña iglesia, pero en realidad, Cristo le pedía su colaboración para renovar la situación de la Iglesia Universal, tan desmejorada en aquel tiempo por múltiples y dolorosas heridas.

Al estudiar la larga historia de la Iglesia católica se comprueba que algo parecido ha ocurrido en otras épocas. San Agustín, en la suya (siglo v), decía que la Iglesia avanza como en una frágil barca entre las tempestades del mundo y los consuelos de Dios. En ocasiones las dificultades han sido de tal magnitud que la han cimbrado en sus mismos cimientos. Podríamos mencionar la crisis arriana (siglo iv), la Reforma protestante (siglo xvi) o los excesos anticlericales de la Revolución francesa (siglo xviii).

Sobre la problemática en la que estamos inmersos actualmente, no tenemos aún suficiente perspectiva y, por lo mismo, es difícil calibrar con precisión su alcance. Pero es claro que la lamentable secuencia de informaciones sobre los abusos sexuales y su mal manejo por parte de sacerdotes y obispos nos ha sumergido en una gravísima crisis de credibilidad y de confianza. Es cierto que ha habido, en muchos casos, exageración y estridencia. Y, desde luego, que es necesario contextualizar la información que inunda los medios de comunicación y las redes sociales. Los casos documentados son siempre de porcentajes muy pequeños en el conjunto de la vida de la Iglesia, pero indudablemente son muchos y dolorosísimos. Cada uno es como una punzante espina clavada en la cabeza de Cristo.

Podría servir anotar aquí, ampliándola un poco, una atinada metáfora de un piadoso colega (el P. Rey Ballesteros). Si comparamos la Iglesia católica con una residencia, se podría decir que todos los reflectores de los medios de comunicación están concentrados en el bote de la basura. Es verdad que ese bote existe y, tristemente, está lleno a rebozar. Pero no todo en la residencia es eso. Hay un hermoso jardín, un cocina funcional y moderna; limpias, espaciosas y acogedoras habitaciones, y muchas, muchas cosas más. No todo en la Iglesia, a Dios gracias, es el bote de la basura.

Santa e indefectible

La fe nos dice, por otra parte, que la Iglesia es santa e indefectible. Porque Cristo *el sólo Santo* la amó como a su esposa y se entregó a ella para santificarla y prometió, además, estar siempre a su lado. Ahora bien, siendo Él inocente y sin ninguna mancha, quiso que su Iglesia abrazara a los pecadores. Por eso, recuerda el Concilio Vaticano II, la Iglesia católica "es a la vez santa y siempre necesitada de purificación y busca sin cesar la conversión y la renovación".[1] Se cumple en ella lo que anunció Cristo con la parábola del Trigo y la cizaña que, por desgracia, permanecerán entremezclados hasta el fin de los tiempos.

En medio de tantas noticias desagradables es consolador recordar que la Iglesia es ante todo *suya*, de Cristo. Él la fundó, Él le dio su estructura jerárquica, Él le confirió su evangelio y sus sacramentos, y le mandó, para que la asistiera, al Espíritu Santo. Por eso, debemos mantener nuestra fe en que, a pesar de los pesares, mediante ella nos llegará la salvación. Así como, por otra parte, también por medio de ella alcanzaremos la Verdad en este turbulento mar de confusiones que es la cultura dominante. San Pablo enseñaba a su querido discípulo Timoteo que la Iglesia es "la casa de Dios (…) columna y fundamento de la verdad".[2] Su gran misión, apuntaba por su

---

[1] *Lumen gentium*, núm. 8

[2] 1 Timoteo 3, 15.

parte el cardenal Ratzinger, es enfrentar a Babilonia (el mundo de la mentira y del pecado) que, con una fuerza avasalladora pretende destruir la humanidad. Su gran *cometido* (de la Iglesia) "es conducir a Dios toda la riqueza del ser humano en todas las lenguas y de ese modo convertirse en la fuerza de reconciliación de la humanidad".[3]

La Iglesia, pues, ante todo es de Cristo. Pero, de alguna manera es también *nuestra*. Todos los bautizados debemos sentirnos responsables de su santidad. Debemos tener, como san Francisco, la ilusión de *reparar la casa de Dios*. Cada uno, en nuestro lugar, podemos y debemos embellecer su rostro. Hagamos oración, reconozcamos humildemente nuestras faltas, desagraviemos por ellas, procuremos formarnos doctrinalmente cada vez mejor. Cumplamos bien nuestros deberes ordinarios, con paz y alegría, exigiéndonos de modo inflexible en los aspectos deontológicos de nuestra profesión. En definitiva, como siempre predicó san Josemaría, empeñémonos en *ahogar el mal en abundancia de bien*. Y así contribuiremos a superar esta *dura prueba* que estamos atravesando. A los pies de santa María, Madre de la Iglesia, ponemos este buen propósito.

Santa Fe, Ciudad de México, noviembre de 2018

---

[3]   J. Ratzinger, *Dios y el mundo.*

Un nuevo álbum en nuestra vida

Esperanza con realismo

Estamos en el primer mes del año. Quizás habremos recordado estos días la metáfora del flamante álbum que nos regala el Señor cada vez que comenzamos un nuevo año. De nosotros depende que las páginas de ese álbum que ahora están en blanco en nuestras manos se llenen diariamente de un puñado de cosas buenas, plasmadas con esmerada caligrafía. O, por el contrario, que dejemos negligentemente pasar página tras página sin anotar nada. O, peor aún, que, con nuestros descuidos deliberados, con nuestras torpezas y pecados, esas páginas quedan plagadas de tachones y manchas.

El que todo eso dependa de nuestra libertad personal es siempre un motivo de esperanza. Dios –nos dice la Escritura– "desde el principio creó al hombre y lo dejó en manos de su propio albedrío".[1] El Señor ciertamente nos quiere cerca de Él como nos lo ha demostrado en la reciente celebración de la Navidad. Nos tiende afectuosamente la mano, pero nunca nos obliga a estrechársela.

Es responsabilidad nuestra, en cada caso, el modo en que orientamos cada día nuestra vida. Sabemos que para avanzar en la dirección correcta dificultades no nos van a faltar. Pero es un consuelo saber también que no nos faltará la gracia de Dios. Y, con ella, las orientaciones que maternalmente nos ofrece la Iglesia. La vida del cristiano que procura ser coherente con su fe nunca ha sido una *novela rosa*; algo que sale siempre como se había previsto con una precisión maravillosa. Por el contrario, siendo realistas, pisando firmemente el terreno que nos ofrece este nuevo año, tendremos que asumir tanto nuestras propias limitaciones como las inevitables contrariedades de la jornada. Y, en consecuencia, la presencia del sufrimiento. Pero conviene recordar, como sabiamente enseñaba Benedicto XVI en su encíclica sobre la esperanza cristiana, que "lo que cura al hombre [lo que hace profunda y

---

[1]   *Sirácida* 15, 14.

auténtica su vida] no es esquivar el sufrimiento y huir ante el dolor, sino la capacidad de aceptar la tribulación, madurar en ella y encontrar así su sentido mediante la unión con Cristo, que ha sufrido con amor infinito".[2]

Por tanto, acometamos el año que comienza con optimismo y esperanza, pero también con realismo. No son incompatibles. ¡Al contrario! Siempre he pensado que cuanto más exacto sea el conocimiento de nuestra propia situación (incluidas nuestras pasiones y debilidades) y de las circunstancias que nos rodean (aunque con frecuencia no sean agradables), más atinada será nuestra actuación y más lograda nuestra existencia. Me parece que a esto se refería el padre Richard Neuhaus cuando decía que "el optimismo no deja de ser una cuestión de óptica, de ver lo que queremos ver, y no ver lo que no queremos. La esperanza sólo es tal cuando es esperanza con los ojos abiertos también a todo lo que la pone en entredicho".[3]

Gimnasia espiritual

Si abrimos bien los ojos a la situación que nos ofrece el año 2019 que empezamos, es claro que, junto a sus luces, encontraremos sombras; junto a sus oportunidades, riesgos; junto a algunas respuestas, muchas interrogantes. Y esos evidentes contrastes de ningún modo deben inhibirnos, sino más bien estimularnos a la acción. Impulsarnos a recorrerlo con paso firme. Sin miedos ni amarguras.

Lo primero, si queremos hacerlo bien, como Dios manda, será comenzar por el cambio personal. San Josemaría, al dirigirse a sus hijos al comienzo de un nuevo año, los animaba a mejorar interiormente, dando cada uno un *tono deportivo* a ese esfuerzo espiritual:

Sólo luchando repetidamente [insistía], venciendo unas veces y otras no, en cosas pequeñas, que de suyo no son pecado, que no tienen una

---

[2]   Benedicto XVI, *Spe salvi*, núm. 37.

[3]   R. J. Neuhaus, *American Babylon: Notes of a Christian Exile*, p. 216.

sanción moral muy fuerte, sino que son debilidades humanas, faltas de amor, faltas de generosidad, sólo una persona que hace cada día su gimnasia podrá decir con verdad que, al final, tendrá una vida nueva. Sólo quien hace esa gimnasia espiritual llegará.[4]

Es decir, conquistará la meta, alcanzará la santidad.

Hay un grave peligro que puede presentarse, al poco de empezar el año, o a lo largo de la vida: *el desaliento*. El peso abrumador que a veces presenta la propia flaqueza. Recuerdo (estaba yo en Roma por aquel entonces) que en una alocución dirigida a los fieles en el Vaticano ocho días antes de su muerte, el papa Juan Pablo I abordó el tema de la esperanza cristiana. Y, específicamente, este punto: el peligro del desánimo. Si alguien, por sus propias debilidades, se considerara incapaz de tener esperanza, le vendría bien recordar lo que él proponía a una señora que acudía a su confesonario años atrás:

Estaba desalentada, porque –decía ella– había tenido una vida borrascosa. ¿Puedo preguntarle –le dije– cuántos años tiene? –Treinta y cinco. –¡Treinta y cinco! Pero si usted puede vivir todavía otros cuarenta o cincuenta años y hacer un montón de cosas buenas. Entonces, arrepentida como está, en vez de pensar en el pasado, piense en el porvenir y renueve, con la ayuda de Dios, su vida.[5]

Pues nosotros, igual. A cerrar ese álbum viejo del año pasado y a abrir con ilusión el nuevo, poniendo en cada página, en cada día, todo el amor que seamos capaces. Y si en algún momento nos sale un manchón, acudamos con sencillez y humildad al sacramento de la misericordia, a la confesión, y ¡a comenzar de nuevo!

Santa Fe, Ciudad de México, enero de 2019

---

[4] San Josemaría, *En diálogo con Dios*, 15, 2b.

[5] Juan Pablo I, *Alocución*, noviembre 20 de 1978.

Ante la actual estridencia, diálogo sereno y razonado

Un desgaste muy costoso

Desde fines del año pasado y en lo que va de éste se ha percibido en nuestro ambiente cultural y en las redes sociales una cierta tensión con motivo de las decisiones políticas de los representantes del nuevo gobierno, tanto federal como local. En no pocas ocasiones, al abordar este tipo de temas, quizás hemos incurrido con demasiada facilidad en las descalificaciones recíprocas, cuando no en verdaderos insultos.

Esta situación, como puede fácilmente comprenderse, no presagia nada bueno. Mi percepción es que estamos gastando enormes energías en esas acaloradas discusiones. Energías que sería mucho más razonable orientar a la solución de los grandes problemas de México que a todos nos afectan. Si sirviera de algo, propondría, desde esta modesta tribuna, que no nos agotemos enfrentando *molinos de viento*, actuales o pasados, cuyo combate sólo produce, a la corta o a la larga, frustración y tristeza.

En lugar de atacarnos unos a otros es imperativo reconocer una amplia base de coincidencias en los graves problemas del país que son nuestros verdaderos enemigos: el crimen organizado y la inseguridad (nótese que digo *crimen* y *no criminales*; como cristianos, debemos distinguir siempre entre el pecado y el pecador); la corrupción pública y privada, que tanto nos ahoga; la falta de empleo formal; la grave deficiencia de los servicios básicos, especialmente salud y educación; la enorme desigualdad social…

Todos coincidimos en que queremos desterrar de nuestra patria esas lacras sociales y construir un México más justo y próspero, menos desigual. Pero esa gran meta sólo la conseguiremos si nos decidimos a trabajar unidos y con el mayor empeño. Ahora bien, como los problemas son añejos y muy complicados, es obvio que se requiere una orientación racional, lo más lúcida y rigurosa posible.

Entre los seres humanos, desde los albores de la civilización, desde que salimos de las cavernas, es regla general que, si queremos entendernos unos con otros, hemos de acudir al *diálogo racional*. Se necesita un mínimo de serenidad, de dominio de las emociones, de superación de los prejuicios, de apertura al otro. "El diálogo", decía con lucidez san Pablo VI, "es un intercambio de pensamiento, es una invitación al ejercicio de las facultades superiores del hombre; bastaría este sólo título para clasificarlo entre los mejores fenómenos de la actividad y de la cultura humana".[1]

El legado del pensamiento griego

Sólo una actitud así, dialogante, puede abrir el camino a las mejores soluciones para esos grandes problemas nacionales. En Occidente todos estamos en deuda con la preciosa herencia que nos dejaron los griegos. Ellos, en su momento de máximo esplendor cultural, siempre privilegiaron el debate racional como la mejor forma de solucionar los problemas sociales. Bastaría para comprobarlo recordar la enorme importancia que daban a la retórica tanto la Academia platónica como el Liceo de Aristóteles, las mejores escuelas de la antigüedad. El ciudadano de la *polis griega* debía saber argumentar lógicamente (*logos*), con mucha pasión (*pathos*), sí, pero sin perder el control. Y, sobre todo, con *ethos*, una integridad personal a toda prueba. Por eso, los grandes maestros siempre insistían, como base del buen gobierno y de la solución de los conflictos, en las virtudes morales y en la sabiduría de los gobernantes. A griegos y romanos debemos nada menos que el concepto del *imperio de la ley* como base del Estado de derecho. La ley, insistía Aristóteles, debe cumplirse siempre, pues ella es *la razón desprovista de pasión* (de pasión desordenada, se entiende).[2]

---

[1] San Pablo VI, *Ecclesiam suam*, núm. 31.

[2] Aristóteles, *Política* III, 16.

Deberes ciudadanos del cristiano

Nos toca, pues, a todos –nadie debe sentirse excluido de esta tarea– trabajar en nuestro propio ámbito, en nuestra área de influencia laboral o social, para configurar una opinión pública que consiga que nuestros gobernantes y legisladores implementen las soluciones más conformes con el *bien común*. En un auténtico respeto a nuestros valores humanos y cristianos. Cuando sea el caso, naturalmente, también habrá que escuchar el parecer de los técnicos y científicos, pero, en la medida de los posible, procurar también que ellos, además de expertos en sus propias materias, sean éticos y humanistas.

Soy consciente de que estoy planteando un ideal alto y difícil, pero apelo a la conciencia cristiana de la inmensa mayoría de la población mexicana y a su capacidad de reflexionar y dialogar. Intentémoslo, repito, empezando por nuestro propio círculo inmediato. Teniendo presente que un auténtico diálogo deberá reunir siempre estas tres características básicas: 1. Apasionado amor a la verdad; 2. La máxima claridad posible en la argumentación, y 3. Mansedumbre y serenidad: evitar, frente a las diferencias, perder la paz y descender del ámbito de las ideas al de las afrentas personales.[3]

Si se obtienen buenas leyes (relativamente buenas, ya se sabe que la perfección es imposible), el siguiente paso será cumplirlas. Tener presente que nuestras autoridades han asumido el compromiso de cumplir lo contenido en la Constitución y las leyes que de ella emanen. Y, en caso contrario, *que la nación se lo demande*. Pues la nación somos todos nosotros y tenemos el derecho y el deber de demandar cabalmente ese cumplimiento.

Promover un gobierno así, un gobierno de leyes y de valores, insistía también Aristóteles, es privilegiar la razón. De lo contrario, el gobierno se concentraría en un sólo hombre (o grupo), y se abriría espacio al capricho y a las pasiones desordenadas y violentas que siempre perturban la paz y la armonía de una sociedad. Ya que, sigo citando a este gran pensador, "así

---

[3] Cfr. T. Trigo, "El bien de la verdad", en *Moral de la persona*.

como el hombre recto es el mejor de los animales, así también, apartado de la ley y de la justicia, es el peor de todos".[4]

Los católicos en la plaza pública —en los diversos foros donde se da cada día el debate político, económico o cultural— hemos de esforzarnos por dialogar con todo tipo de interlocutores. Quien, iluminado por su fe, está abierto a Dios, está también abierto a sus semejantes. Un hombre o mujer dialogante es siempre consciente de que sólo en referencia a un *tú* (sean cuales sean sus ideas) puede existir el *yo*.[5] Y, en consecuencia, sale de sí mismo, de su pequeño mundo egoísta, para abrirse al otro y establecer con él una verdadera comunión.

Un importante documento del Magisterio de la Iglesia nos dice: "Quienes sienten u obran de modo distinto del nuestro en materia social, política e incluso religiosa, deben ser también objeto de nuestro respeto y amor. Cuanto más humana y caritativa sea nuestra comprensión íntima de su manera de sentir, mayor será la facilidad para establecer con ellos el diálogo".[6]

De eso se trata.

Santa Fe, Ciudad de México, febrero de 2019

---

[4] Aristóteles, *Política*, I, 2.

[5] Cfr. M. Buber, *Yo y tú*.

[6] *Gaudium et spes*, núm. 28.

Tiempo de graduaciones

Empezar bien el día

Entre nosotros, los meses de mayo y junio nos ponen delante el fin del año escolar y, consiguientemente, en muchos casos, las graduaciones. Concluir una etapa de la vida y comenzar otra tiene siempre un peculiar encanto e invita a la reflexión. Es una buena ocasión, por eso mismo, para abordar el tema del sentido cristiano del estudio y, en particular, de aquel que se realiza en la universidad.

No hace mucho leí el breve ensayo, muy difundido por otra parte, del comandante McRaven sobre sus vivencias en el entrenamiento que se exige a los aspirantes a un cuerpo de élite de la marina estadounidense. Las expuso, por primera vez, en una ceremonia de graduación de ocho mil alumnos de la Universidad de Texas, en mayo de 2014. Esa universidad, que se precia de ser de las mejores del orbe, tiene un lema ambicioso: *Lo que aquí empieza cambia al mundo*.

La primera lección, inspirada en ese lema, da el simpático título al ensayo de McRaven: "Si quieres cambiar al mundo, empieza por tender tu cama". En efecto, una tarea bien cumplida a primera hora de la mañana tendrá un importante impacto en el resto del día. Parece una pequeñez, pero la experiencia le ha mostrado ampliamente la sencilla verdad que encierra este modo de enfocar la vida. A mí me recordó la insistencia de san Josemaría en el *minuto heroico*: "Véncete cada día desde el primer momento, levantándote en punto, a hora fija, sin conceder ni un minuto a la pereza. Si, con la ayuda de Dios, te vences, tendrás mucho adelantado para el resto de la jornada".[1]

---

[1]   San Josemaría, *Camino*, núm. 191.

La verdad: una alta cumbre

Es importante empezar bien, sin duda. Poner la *primera piedra* en todo lo que hacemos. Pero más importante aún y, desde luego, más difícil, es poner la *última piedra*. Y eso es justamente lo que está de por medio en las graduaciones universitarias. No sólo comenzar, sino avanzar y alcanzar las metas que nos hemos propuesto. Particularmente en el punto, arduo como pocos, de *la conquista de la verdad*. Algo que podría asemejarse al arribo de la hermosa cumbre de una montaña, y que ha sido un poderoso estímulo para el avance científico y filosófico a lo largo de la historia.

San Josemaría, nuestro patrono, amó con pasión a la universidad y estuvo en contacto con ella prácticamente durante toda su vida. En un acto académico en el Aula Magna de la Universidad de Navarra, una institución que él impulsó desde sus orígenes, decía: "La universidad tiene como su más alta misión el servicio de los hombres, el ser fermento de la sociedad en que vive: por eso debe investigar la verdad en todos los campos, desde la Teología, ciencia de la fe, llamada a considerar verdades siempre actuales, hasta las demás ciencias del espíritu y de la naturaleza".[2]

Vivimos, en México y en el mundo, tiempos turbulentos. La sociedad se encuentra inmersa en vertiginosos procesos de cambio y requiere, de modo inaplazable, de la suave luz que se desprende de los centros superiores de estudio y de investigación. Nuestros graves problemas no se pueden resolver simplemente tomando un micrófono y proponiendo ocurrencias más o menos ingeniosas. Urgen soluciones bien pensadas tanto desde el punto de vista técnico y científico, como antropológico y ético. Los grandes debates de nuestra plaza pública deben iluminarse con argumentos racionales sólidos. Argumentos que incluyan, además, los grandes valores cristianos que compartimos mayoritariamente los mexicanos.

---

[2] *Josemaría Escrivá de Balaguer y la Universidad*, discurso del 7 de octubre de 1967.

Fe y razón, las dos alas del espíritu

Como insistía san Juan Pablo II, en esta etapa de la historia no podemos empobrecer la verdad sobre el hombre cayendo en diversas formas de reducción antropológica. "El espíritu humano se eleva a la contemplación de la verdad con dos alas, la fe y la razón".[3] Las dos son necesarias. Ni sólo razón en detrimento de otras fuentes de conocimiento (*racionalismo*); ni sólo fe, con grave desprecio de la razón humana (*fideísmo*). Ambas –fe y razón– unidas y armonizadas en la gran meta de conquistar la verdad. Se requiere, como proponía el cardenal Newman (próximo a ser canonizado, por cierto), "educar el intelecto para que razone bien en todos los temas, para que tienda hacia la verdad y la asimile adecuadamente (…). Alcanzar una visión conexa y armónica de lo viejo y lo nuevo, lo pasado y lo presente, lo lejano y lo próximo, que perciba las influencias de unas realidades sobre otras, sin lo cual no habría un todo ni un centro".[4] Un saber, en definitiva, que no sea sólo cuantitativo, sino filosófico, sapiencial.

Nos urgen graduados universitarios con esa combinación de apertura y profundidad, con hondos conocimientos en sus respectivas áreas del saber, pero convenientemente integrados con los valores éticos y religiosos. Para, sin fanatismos de ninguna índole, orientar la gran tarea de la reconstrucción de nuestro tejido social. Me permito añadir una última cita de san Josemaría: "Salvarán este mundo nuestro (…) no los que pretenden narcotizar la vida del espíritu, reduciendo todo a cuestiones económicas y de bienestar material, sino los que tienen fe en Dios y en el destino eterno del hombre, y saben recibir la verdad de Cristo como luz orientadora para la acción y la conducta".[5]

Santa Fe, Ciudad de México, mayo de 2019

---

[3] San Juan Pablo II, Encíclica *Fe y razón*.

[4] J. H. Newman, Discursos sobre el fin y la naturaleza de la educación universitaria.

[5] *Josemaría Escrivá de Balaguer y la Universidad*, discurso del 9 de mayo de 1974.

"Una ola blanca y poderosa"

Dos llagas dolorosas

Todos los mexicanos anhelamos una mejor convivencia social. En particular nos lastiman y ofenden, como hemos comentado en otras ocasiones, dos graves llagas: *la inseguridad* y *la corrupción*. Uno no puede acostumbrarse a escuchar de parte de personas cercanas y muy queridas: "Secuestraron al hijo de mi mejor amigo… Mataron a mi marido en un asalto… La familia está siendo extorsionada por tal o cual grupo de delincuentes…".

Todos sabemos, se ha repetido en incontables ocasiones, que estos dos grandes reclamos de la sociedad orientaron las últimas elecciones en todo México, en el ámbito local y en el federal. Y aunque luego se han hecho intentos importantes, los resultados hasta ahora están muy lejos de convencer a la ciudadanía.

Sin embargo, me parece importante no limitar el problema a lo que haga o deje de hacer tal o cual autoridad. Aunque imprescindible, la acción del gobierno no es suficiente para resolver a fondo el problema. Una solución integral exige la actuación de la sociedad en su conjunto. Y es precisamente en este aspecto donde quisiera centrar las breves reflexiones de este editorial.

Desde una perspectiva bíblica, es claro que la raíz última de todos los trastornos sociales que estamos padeciendo es *el pecado*. El mal moral asentado en lo más profundo del corazón humano. Y de ese grave desorden nadie puede considerarse inmune. "Si decimos: *no tenemos pecado* nos engañamos y la verdad no está en nosotros", nos enseña el apóstol san Juan.[1] Por eso, el punto de partida para aspirar a una mayor armonía entre nosotros tendría que ser el examen personal y el propósito de luchar decididamente contra ese mal en nuestras propias vidas. No limitarnos a denunciar las

---

[1]   1 Juan 1, 8.

estructuras sociales o gubernamentales, los factores hereditarios o culturales, etc., y procurar más bien una constante conversión interior.

Ahora bien, es un consuelo recordar que, siendo *realistas* (con un realismo apoyado en la fe sobrenatural), junto al abismo del pecado está esa esperanza más grande que todo mal que nos viene con la obra redentora de Cristo. "Donde abundó el pecado, sobreabundó la gracia", insistía san Pablo.[2] Por tanto, con humildad y apoyándonos en la gracia de Dios (oración y sacramentos), podremos siempre llamarnos vencedores.

Y dos líneas de acción

El mundo actual (lo mismo podría decirse de otras épocas) está sometido a la caducidad y a la vanidad. Con impresionante elocuencia fue comparado por el apóstol de los gentiles a una mujer que está a punto de dar a luz. Y que, entre los gemidos y dolores del parto, se estremece aguardando la liberación que sólo los hijos de Dios le pueden ofrecer.[3] Ésta es nuestra misión. Darle a un mundo confundido y triste el aliento de la alegría y esperanza de los hijos de Dios. Quisiera en este sentido, para concretar un poco, proponer brevemente dos líneas de acción, una sobre la corrupción y otra sobre la inseguridad.

Ante la corrupción decidámonos, de verdad, a no admitir ninguno soborno. A no dar, *por propia iniciativa*, una gratificación inmerecida a ninguna autoridad del nivel que sea, corrompiéndola y atentando contra la justicia. Y, lógicamente, tampoco recibirla.

> La corrupción es un cáncer (...) [enseñaba el papa Francisco hace unos meses], es una de las heridas más lacerantes del tejido social, porque lo perjudica gravemente tanto desde un punto de vista ético como económico: con la ilusión de ganancias rápidas y fáciles, en realidad

---

[2]   Romanos 5, 20
[3]   Romanos 8, 18-22.

empobrece a todos menoscabando la confianza, la transparencia y la fiabilidad de todo el sistema.[4]

Un gesto conmovedor

A propósito de la inseguridad y partiendo de la base de que nada justifica el recurso al robo y la violencia (no hablo aquí del remoto caso del robo famélico),[5] pienso que como sociedad, los mexicanos podemos hacer mucho más para cerrar las distancias entre las diversas clases sociales y tender puentes de entendimiento y empatía con los estratos más desfavorecidos; ya que es allí, en esas *periferias*, donde surgen los jóvenes que se incorporan gradualmente a las organizaciones criminales. ¿Cómo hacerlo? Hay múltiples formas, tan variadas como la misma vida, pero todas ellas remiten a una actitud interior fundamental de auténtico afecto: la ilusión de compartir lo propio con los demás, considerándolos, con el Evangelio, como nuestros hermanos.

Aunque sea meramente literario, qué impresionante y bello resulta el gesto que apunta Victor Hugo en *Los miserables* (tantas veces representado en su versión musical en la actualidad), cuando el obispo regala, al entonces indigente Jaen Valjaen, la plata que éste antes le había robado. Como se recordará, Jean, presa de la desesperación y de la necesidad, toma unos cubiertos de plata de la casa del señor obispo que le había brindado alojamiento la noche anterior. Cuando unos gendarmes lo atrapan y lo conducen violentamente ante el prelado, éste comenta con dulzura: "Me alegro de verte. Te había dado también los candeleros, que son de plata y se pueden vender por doscientos francos, ¿por qué no te los llevaste con los cubiertos?". Los gendarmes se quedan perplejos y preguntan: "–Monseñor, ¿entonces es verdad

---

[4] Francisco, *alocución*, 18 de marzo de 2019.

[5] Como se recordará, la Iglesia enseña que por voluntad de Dios, en un principio, los bienes del mundo tienen un *destino universal*. Son de todos. Sólo más tarde, para garantizar la dignidad y la libertad de las personas concretas, procede el que algunos de esos bienes sean utilizados como *propiedad privada*. Ahora bien, en caso de urgente y evidente necesidad (alimento, vestido, medicina vital, etc.) prevalece, desde el punto de vista moral, el destino universal sobre la propiedad privada. Es el llamado robo por hambre o *famélico*. Cfr. *Catecismo de la Iglesia católica*, núms. 2402-2408.

lo que decía este hombre? Lo hemos encontrado como si estuviese huyendo, y le hemos detenido hasta ver. Tenía estos cubiertos". Y para mayor sorpresa de aquellos hombres y para horror de las dos mujeres de la servidumbre que contemplan la escena, el obispo añade amablemente: "–Amigo mío, toma los candeleros antes de irte. Y no olvides nunca que me has prometido emplear este dinero en hacerte un hombre honrado". Jean, por supuesto, que no recordaba haber prometido nada, temblaba de pies a cabeza, y en completo suspenso escucha las solemnes palabras finales de aquel santo varón: "Hermano mío, tú no perteneces al mal, sino al bien. Yo compro tu alma; yo la libro de las negras ideas y del espíritu de perdición, y la consagro a Dios". Con ese detalle, la vida de Jean Valjean dio un maravilloso vuelco para siempre.[6]

A manera de resumen, recordaría una consideración que san Josemaría hacía ante las diversas expresiones del pecado en la sociedad de su tiempo: "Jesucristo quiere que de nuestras almas salga una ola –blanca y poderosa, como la diestra del Señor–, que anegue, con su pureza, la podredumbre de todo materialismo y neutralice la corrupción, que ha inundado el Orbe. A eso vienen –y a más– los hijos de Dios".[7]

Los Pinos, Coahuila, junio de 2019

---

[6] Cfr. Victor Hugo, *Los miserables*, Primera Parte, Libro Segundo, capítulo XIII. El obispo trabaja.

[7] San Josemaría, *Forja*, núm. 23.

La libertad de los jóvenes hijos de Dios

Algo no está funcionando bien

Con cierta frecuencia, los medios de comunicación nos golpean con notas sobre el comportamiento un tanto *alocado* de algunos jóvenes de hoy. Arrebatos de violencia criminal e irracional, aumento en el consumo de sustancias adictivas, desórdenes sexuales… Me impresionó, muy recientemente, la información arrojada por un estudio coordinado por la Universidad de Harvard entre muchachos de 19 instituciones de educación superior de ocho países del mundo, incluido México.[1] En este estudio se habla del notable aumento de tendencias suicidas entre los encuestados. Muchos jóvenes, se concluye en el documento, quisieran estar muertos o dormirse y no despertar… o cosas parecidas.[2]

El tema de este comportamiento disfuncional entre la juventud actual, como podrá comprenderse, además de amplio, es muy complejo. Y no es razonable hacer superficiales generalizaciones. Pero me parece vislumbrar que, detrás de muchos de estos comportamientos, hay un dato antropológico fundamental que tal vez pueda arrojar un poco de luz sobre el problema: *el mal empleo de la libertad.* Los jóvenes de hoy, con el fabuloso acceso a la información de que ahora disponen mediante internet, se encuentran confundidos, como aturdidos. En lugar de ser, en un sentido amplio, más seguros, abiertos y comunicativos son, por el contrario, inseguros, violentos y, no pocas veces, destructivos, incluso consigo mismos.

---

[1]   La institución mexicana en cuestión fue la Universidad Autónoma Metropolitana.

[2]   *Excélsior*, encabezado principal, 22 de enero de 2020.

¿Libertad o mera espontaneidad?

El mal empleo de la libertad es expresión de un fenómeno anterior y aún más importante: la ausencia de verdad. En muchos ambientes sociales de nuestro tiempo, en los que estos jóvenes han crecido, se percibe que la verdad no existe como tal. Lo único que impera en el mundo es la lucha por el poder (M. Foucault). Y, lógicamente, si no hay verdad, tampoco hay bien. No hay algo que valga la pena buscar en sí mismo, como bueno para el hombre y, en consecuencia, como normativo de su conducta. Lo único que se acepta es el actuar espontáneo: lo que brota de la inclinación emocional más fuerte un momento determinado.

Con un enfoque así, es inevitable el surgimiento de lo que podría con razón denominarse sociedad líquida (Z. Bauman). Una sociedad caracterizada por la fluidez, el cambio, la flexibilidad... que se confronta críticamente con la llamada sociedad disciplinaria, un tanto rígida, que funcionaba hasta hace muy poco con reglas fijas y autoridades definidas en el ámbito familiar, académico o social.

"La verdad los hará libres"

Los jóvenes se sienten actualmente muy vulnerables y, con frecuencia, proclives a la evasión. Ya sea por el alcohol o las drogas, los deportes de alto riesgo o, simplemente, por la frivolidad. Salidas equivocadas que los conducen más o menos directamente a la desesperación. Urge, por tanto, que los adultos y, más aún, quienes tenemos una cierta responsabilidad en el ámbito de la educación, vayamos en su ayuda y les ofrezcamos, teórica y prácticamente, una correcta concepción de ese precioso don de Dios a los hombres que es la libertad.

Al abordar este tema –la libertad–, lo primero que debemos decir es que se trata de una realidad difícil, profunda y, en cierto sentido, misteriosa. Pero también hay que añadir que la gran tradición del pensamiento cristiano occidental nos ofrece elementos valiosos para comprenderla. En concreto, hablando de libertad psicológica, aquella por la cual las personas tomamos las elecciones que han de incidir en nuestra vida, el *Catecismo de la Iglesia* nos dice: "La libertad es en el hombre una fuerza de crecimiento y de maduración en la verdad y la bondad. La libertad alcanza su perfección cuando está ordenada a Dios, nuestra bienaventuranza".[3] Quisiera, de estas luminosas palabras, subrayar que para la Iglesia católica es muy importante, al hablar de libertad, la referencia *a la verdad y a la bondad*. En efecto, desde un ángulo evangélico, la libertad remite necesariamente a la verdad y, en sentido radical, a la Verdad con mayúscula que es el propio Jesucristo. El apóstol Juan nos ofrece unas palabras del Señor que todos sus discípulos deberíamos tener grabadas en el corazón: "Si se mantienen fieles a mi palabra serán verdaderos discípulos míos, conocerán la verdad y la verdad los hará libres".[4]

Es preciso afirmar, en contra del relativismo de la cultura dominante, que alcanzar la verdad, tanto en el plano natural como en el sobrenatural, es posible. No estamos hablando de una utopía falaz. Y cuando, aunque arduamente, se conquista, la verdad nos ofrece una inconmovible plataforma para desplegar las mejores energías de la persona. En una ocasión, nada menos que ante el pleno de la Organización de las Naciones Unidas en Nueva York, decía san Juan Pablo II:

> La libertad no es una licencia para hacer lo que a cada uno se le antoje. La libertad posee una *lógica* interna que la cualifica y la ennoblece: está ordenada a la verdad y se realiza en la búsqueda y en el cumplimiento de la verdad. Separada de la verdad de la persona humana, la libertad decae, en la vida individual, en libertinaje; y en la vida política, en la arbitrariedad de los más fuertes y en la arrogancia del poder.[5]

---

[3]   *Catecismo de la Iglesia católica, núm. 1731.*

[4]   Juan 8, 32.

[5]   San Juan Pablo II, Intervención en la onu, 5 de octubre de 1995.

Si tuviera oportunidad de entrar en contacto con tantos jóvenes de hoy perplejos, tristes o desorientados, ahogados por el influjo de poderosas corrientes relativistas, los recordaría que el relativismo (la afirmación de que cada uno tiene *su verdad*), en cuanto tal, no se sostiene. Es una postura epistemológica que se contradice a sí misma. Llevado hasta sus últimas consecuencias nos impediría incluso hablar entre nosotros. Si yo digo blanco y otro entiende negro o al revés, no hay forma humana de comunicarnos, de dialogar. Como bien apuntaba Aristóteles, un relativista coherente se autolimita a la patética condición de un simple vegetal. Ya que entre los mismos animales hay un lenguaje significativo, no relativista.

Con el mayor respeto posible animaría a los jóvenes a que eventualmente tomaran este texto en sus manos, a realizar un discernimiento crítico de esas ideas que la cultura dominante, posmoderna y relativista les quiere imponer, de modo que rescaten para ellos y sus seres queridos (parientes o amigos) la noción de verdad y, con ella, la no menos importante noción de libertad. Hay, créanme, otras opciones filosóficas más sensatas y convincentes que el endeble y enfermizo relativismo. Y, si son cristianos, sepan desde luego que está la imponente fuerza de la palabra de Jesús que afirmó de sí Mismo: "Yo soy el Camino, la Verdad y la Vida".[6]

No me puedo extender más. Termino con unas palabras de san Josemaría que de alguna manera resumen todo lo escrito en este editorial: "La libertad adquiere su auténtico sentido cuando se ejercita en servicio de la verdad que rescata, cuando se gasta en buscar el Amor infinito de Dios, que nos desata de todas las servidumbres".[7]

Santa Fe, Ciudad de México, febrero de 2020

---

[6]   San Juan 14, 6.

[7]   San Josemaría, *Amigos de Dios*, núm. 27.

Cuando Jesús llama...

Un personaje a la puerta

Quisiera empezar este escrito con unas palabras que el autor del Apocalipsis (el apóstol san Juan, según la tradición de la Iglesia) pone en los labios de Cristo. El contexto son las exigentes cartas dirigidas a las siete iglesias de Asia Menor. "Mira que estoy a la puerta y llamo: si alguno escucha mi voz y me abre, entraré a su casa y cenaré con él, y él conmigo".[1]

En este tiempo de Pascua, contemplando a nuestro Salvador resucitado, lleno de vida, de gloria y majestad, es muy reconfortante saber que nos mira con el fuego que brilla en sus ojos y nos invita a convivir con Él. Como hizo en Emaús, nos propone compartir la mesa y conversar larga y afectuosamente. Esta llamada, esta amorosa invitación, podemos considerarla en cualquier circunstancia de la vida; en medio de nuestra actividad ordinaria, cuando las cosas van fluyendo suavemente sin mayores sobresaltos. Pero también puede ayudarnos y, aún más, cuando, por el contrario, sobreviene una furiosa tormenta que sacude los cimientos mismos de nuestra existencia.

Pienso que es el caso de la epidemia global que ahora nos golpea. En estos últimos meses se han dicho y escrito incontables cosas al respecto. Algunas realmente interesantes y prudentes; otras, por el contrario, un tanto desorbitadas. Aprovecho este espacio para compartir con ustedes, queridos hermanos, algunas reflexiones que quizás nos puedan ayudar a enfocar desde la perspectiva cristiana esta difícil prueba que ha permitido el Señor. En concreto pretendo ofrecer algunos elementos como posible respuesta a la gran cuestión: ¿cómo encauzar la actual problemática de modo que, en lugar de asustarnos, enfadarnos o deprimirnos, nos ayude a salir más fortalecidos espiritual y humanamente?

En algunas homilías de estos días he mencionado que no se trata de simplificar las cosas. La situación que estamos viviendo es muy seria y nos

---

[1] Apocalipsis 3, 20.

ha afectado a todos. Naturalmente, a unos más que a otros, pues hay casos particularmente dolorosos, auténticos dramas muy cerca de nosotros. Pienso en quienes han perdido a sus seres queridos, en los que han sido hospitalizados o separados de sus familias, en la permanente angustia de quienes padecen o han padecido afecciones respiratorias, en los graves problemas económicos de los que han visto quebrantado su patrimonio, y tantos y tantos más.

Ante todo, fe

Se me ocurre que, entre nosotros, católicos, caben dos ángulos de aproximación al tema. Dos enfoques distintos y complementarios. Uno natural, humano, y otro estrictamente sobrenatural. Empezaría por este último, para ello, vuelvo al texto inicial de este escrito: "Mira que estoy a la puerta y llamo…". No olvidemos nunca que también en esto, también aquí y ahora, *Jesús nos llama*. Está con nosotros y quiere que seamos fuertes, que nuestra fe sea más sólida, más profunda, más madura… Una fe que ilumine suavemente todos los aspectos de la situación que atravesamos y que cierre el camino al miedo o la tristeza.

No olvidemos que las enfermedades y la muerte misma son parte de la vida. Hay que plantarle la cara a la epidemia con valentía y confianza en Dios. Reconozcamos que el miedo es algo que surge de modo natural por la repulsión que a todos nos supone el sufrimiento o la pérdida de la salud, tanto personal como de miembros de nuestras familias. Pero una cosa es tener miedo y otra, muy distinta, dejarse dominar por él. Semejante actitud nos llevaría a una parálisis muy dañina o incluso a trastornos de ansiedad tan graves o tal vez más que el mismo covid-19. Tampoco es razonable, hermanos míos, permitir que nos invada la tristeza (*aliada del enemigo*, la llamaba san Josemaría). Porque eso nos quitaría el impulso vital para hacer el bien a nuestro alrededor.

La Escritura nos recuerda que la fe es más valiosa que el oro. Y el oro se purifica con el fuego.[2] Vamos, por tanto, a aprovechar el desconsuelo del momento actual para dirigir una mirada serena al crucifijo y decirle al Señor: "¡Creo en ti! Sé que tu Cruz redentora –como decía el papa Francisco– es un *ancla poderosa* que me da estabilidad y seguridad en medio de la tormenta. Tú venciste al mal desde lo alto del madero. Y, luego, confirmaste tu victoria resucitando al tercer día. ¡Contigo, sé que podré!".

Pero también acción

Ahora bien, si la fe es la respuesta adecuada a la pandemia desde el punto de vista sobrenatural, ¿qué podemos decir desde el punto de vista humano?, ¿qué orientaciones se pueden ofrecer para paliar los tremendos efectos personales y sociales que todo esto lleva consigo? Empezaría por mencionar, supongo que estarán de acuerdo conmigo, que no todo ha sido negativo. Este brusco parón al que nos ha sometido el virus ha sido como un respiro ecológico para el planeta; hay múltiples hechos que lo confirman. A la vez que nos ha invitado a cambiar –reducir– nuestros hábitos de consumo; algo bueno en sí mismo.

Por otra parte, aunque ha sido doloroso saber que en algunos casos la convivencia familiar ha desencadenado lamentables hechos de violencia, hay que decir que, en muchos otros, tal vez la mayoría, han sido semanas para estrechar lazos afectivos; para entablar largas y fecundas conversaciones con quienes hacía mucho tiempo que no las teníamos. Otro aspecto es que el confinamiento nos ha golpeado con dureza desde el punto de vista económico, pero, simultáneamente, ha sido ocasión de hermosas expresiones de apoyo y solidaridad entre segmentos de la sociedad que antes estaban demasiado separados.

No me puedo extender mucho más en este punto, pero hay algo que no quisiera dejar de abordar. El inesperado cambio al que nos vimos

---

[2] 1 Pedro 1, 7.

forzados nos ha hecho descubrir o redescubrir el valor de muchas cosas que solíamos dar por seguras. En todos se ha acentuado la conciencia de nuestra propia fragilidad, de nuestra mortalidad y eso, me parece, también es algo valioso. Una buena base de humildad nos ha permitido reordenar las prioridades de nuestra vida.

Hacer más con menos

El futuro inmediato se nos muestra muy incierto. Lo claro es que sólo si trabajamos juntos como sociedad podremos afrontar con éxito la parte final de la pandemia y sus evidentes efectos negativos, tanto sanitarios como económicos. Además de cuidar nuestra salud, todos tenemos la obligación de fomentar la creatividad, la iniciativa, el proverbial ingenio mexicano… para hacer *más con menos*. Y, sobre todo, para favorecer a los que menos tienen, a los más desprotegidos.

Me parece muy oportuno terminar estas breves reflexiones con la propuesta que los obispos de México plantean en su mensaje del 24 de abril pasado. Ellos sienten la "obligación moral delante de Dios (…) de levantar la voz en nombre de los que sufren los estragos de esta pandemia", para pedir a todos los mexicanos, incluidos los diversos niveles del gobierno, que "olvidemos los intereses personales partidistas (…) para unirnos en la preservación de la vida de todo ser humano que se encuentre en el territorio de México". Y añaden que los recursos económicos del Estado (que en última instancia –no debemos olvidarlo– pertenecen a la población, no al gobierno) se destinen a "mitigar las carencias de alimentos en muchos hogares de nuestra nación mexicana. Salud, alimentos y trabajo son las exigencias ineludibles en esta emergencia sanitaria".[3]

Salud, alimentos y trabajo… Ésta es la atinada jerarquía de bienes que todos debemos respetar y en la que nos debemos de empeñar personal y colectivamente. Es urgente, absolutamente inaplazable, una intensa

---

[3] Conferencia del Episcopado Mexicano, mensaje del 24 de abril de 2020.

actividad en la opinión pública (redes sociales y medios de comunicación) para que tanto el gobierno como la iniciativa privada trabajen de modo armónico en esa dirección. Otras cosas pueden y deben esperar.

Que santa María de Guadalupe nos acompañe y bendiga en este gran esfuerzo nacional.

Santa Fe, Ciudad de México, abril de 2020

San Juan Pablo Magno

Un legado imponente

Karol Wojtyla, que había nacido en la pequeña ciudad polaca de Wadowice el 18 de mayo de 1920 –hace 100 años–, llegó a la sede de Pedro, con el nombre de Juan Pablo II, el 16 de octubre de 1978 cuando la Iglesia, al decir de Benedicto XVI, se encontraba "en una situación desesperada". La puesta en práctica de las brillantes orientaciones del Concilio Vaticano II había generado en los últimos años del pontificado de Pablo VI una gravísima tensión hacia dentro de la Iglesia. Correspondía al nuevo papa la descomunal tarea de aplicar esas ambiciosas reformas sin romper la imprescindible unidad que algunos grupos extremistas de ambos lados estaban poniendo en grave peligro.

El papa polaco, con su impresionante carisma personal (filósofo y teólogo de altos vuelos, poeta, dramaturgo, gran deportista...), suscitó de inmediato una enorme ola de simpatía en todo el mundo. Y su fuerte llamado inicial: "¡No tengan miedo! ¡Abran, sí, abran de par en par las puertas a Cristo!",[1] sacudió hasta lo más hondo a toda la Iglesia.

Sería imposible, en la breve extensión de este editorial, hacer una exposición aun sintética de su enorme legado doctrinal y pastoral. Baste recordar que realizó 104 grandes viajes pastorales, proclamando el Evangelio por el mundo entero. Y que entre los documentos de su magisterio destacan nada menos que 14 encíclicas, el nuevo Código de Derecho Canónico y una joya verdaderamente invaluable: el *Catecismo de la Iglesia católica*.

---

[1] San Juan Pablo II, Homilía en el inicio de su pontificado, 22 de octubre de 1978.

La Divina Misericordia en el centro

En una preciosa carta a los obispos de Polonia con motivo de este centenario, su amado sucesor, el papa emérito Benedicto XVI, propone como centro para leer y comprender el riquísimo legado doctrinal del pontificado de Juan Pablo, la noción de la *Divina Misericordia*. Una iluminación que recibió santa Faustina Kowalska, monja de Cracovia contemporánea suya, y que el papa Wojtyla adoptó de modo muy íntimo y personal. A través de ella, apunta Joseph Ratzinger, era como si Cristo nos dijera a todos: "El mal no obtendrá la victoria final. El misterio pascual confirma que el bien prevalecerá, que la vida triunfará sobre la muerte y que el amor triunfará sobre el odio".[2] Esta consideración nos ayuda a clarificar, desde la fe, las vicisitudes que han golpeado a la sociedad y a la Iglesia en el siglo xx y en lo que va del xxi. La segunda Guerra Mundial, la caída del comunismo ateo, los graves ataques a la santidad de la familia y tantas cosas más, incluida, desde luego, la pandemia de covid.

Al pan, pan, y al vino, vino

Apoyados en la fe, podemos afirmar que la Divina Misericordia ha triunfado y triunfará siempre. Pero a nosotros nos toca, con Cristo y con su Iglesia, trabajar en la difusión de la infinita riqueza de la redención por el mundo entero. Ayudar a que triunfe el bien y, en consecuencia, reducir la presencia del mal. Y para esto, aunque parece una simpleza, necesitamos antes distinguirlos. Llamar *bien* al bien y *mal* al mal. De aquí que de las abundantes enseñanzas de san Juan Pablo II, quisiera destacar especialmente una que, en mi opinión, está un tanto desdibujada de la conciencia cristiana en nuestros días. Me refiero a la doctrina de los *absolutos morales*, verdadera piedra angular del edificio de la teología moral católica. Doctrina que

---

[2]   Benedicto XVI, papa emérito, Carta a los obispos de Polonia con motivo del centenario del nacimiento de san Juan Pablo II, mayo de 2020.

consiste, de modo esencial, en el reconocimiento de que hay determinadas conductas que siempre son *intrínsecamente desordenadas* y, por lo mismo, en ningún caso pueden ser justificadas éticamente, aunque se realicen con las mejores intenciones. Se trata de una enseñanza que tiene su sólido fundamento en la Escritura y ha sido propuesta por la gran tradición de la Iglesia de modo reiterado.

Cuando en el pontificado de Juan Pablo II se difundieron determinadas corrientes teológicas (teleologismo, proporcionalismo y consecuencialismo, entre otras) que deseaban modificar esta doctrina, el Papa salió valientemente al encuentro de esos errores y expuso los motivos por los cuales no eran aceptables, y ratificó la doctrina de siempre. Y lo hizo no por un afán rigorista, como más de alguno ha querido ver, sino para clarificar las cosas en la conciencia de los fieles. Por amor a la verdad. En un primer momento abordó el tema en el *Catecismo de la Iglesia* y,[3] luego más ampliamente, en la encíclica *Veritatis splendor*, un auténtico monumento a la reflexión filosófica y teológica sobre el comportamiento humano, desde una perspectiva de inspiración cristiana. En esta encíclica leemos:

> Como se ve, en la cuestión de la moralidad de los actos humanos y particularmente en la existencia de los actos intrínsecamente malos, se concentra en cierto sentido *la cuestión misma del hombre*, de su *verdad* y de las consecuencias morales que se derivan de ello. Reconociendo y enseñando la existencia del mal intrínseco en determinados actos humanos, la Iglesia permanece fiel a la verdad integral sobre el hombre y, por ello, lo respeta y promueve en su dignidad y vocación.[4]

Hace unos días, escuchando vía internet una interesante conferencia sobre el legado cristiano del novelista ruso del siglo xix Fedor Dostoievski, me vino a la memoria la lectura, de muchos años atrás, de su extraordinaria obra *Crimen y castigo*. El joven y atormentado protagonista de nombre

---

[3]   Números 1755-1756.

[4]   San Juan Pablo II, *Veritatis splendor*, núm. 83. El énfasis en el texto original.

Raskolnikov, imbuido de ciertas ideas *modernas* considera despreciable la existencia de una mujer vieja y avara, y con un arrogante engreimiento se siente autorizado a quitarle la vida y sus bienes con el objeto de poder terminar él sus estudios universitarios. Pero, y aquí está la genialidad introspectiva y psicológica de la pluma de Dostoievski, al explorar en la interioridad de su conciencia, la idea del crimen cometido le martillea cada vez con más fuerza. Finalmente, con la ayuda de la dulce Sonia, se entrega a las autoridades, confiesa su homicidio, va a prisión en Siberia y alcanza la redención.

En resumen. El bien es bien y el mal, aunque se pretenda justificar con todo tipo de teorías antiguas o recientes, es mal. En concreto, el asesinato –privar de la vida a una persona inocente– es siempre intrínsecamente malo. Dostoievski en la literatura y san Juan Pablo II en la teología moral, nos lo confirman de modo contundente.

San Juan Pablo, ¿magno?

Una última consideración también con apoyo en la carta de Benedicto XVI. La palabra *santo* indica la esfera de Dios y la palabra *magno* ("grande") la dimensión humana. Según las exigentes condiciones de la ley eclesiástica, Juan Pablo II mereció ser canonizado, es decir, declarado *santo*, porque vivió con heroísmo las virtudes y se obtuvieron por su intercesión al menos dos milagros. ¿Ocurrirá lo mismo –nos podemos preguntar– con el título de *magno*?, ¿será también esto reconocido plenamente? Hay dos pontífices que a lo largo de la historia han conquistado ese apelativo, León I (440-461) y Gregorio I (590-604). En ambos casos por enormes gestas en defensa de la sociedad civil. León ante la amenaza de Atila (tuvo la osadía de salir al encuentro de su pavoroso ejército apenas acompañado de un pequeño grupo de colaboradores). Gregorio, por su parte, hizo algo semejante ante la invasión lombarda. Según Benedicto (y yo comparto por completo su apreciación), la similitud de estos pontífices con Juan Pablo II es evidente. Con el poder de su fe y su vigorosa palabra oral y escrita, el papa Wojtyla libró al mundo de las cadenas opresoras del comunismo soviético.

Y abrió el camino a una nueva etapa en la historia de la humanidad. Méritos más que suficientes para obtener el calificativo de *magno*. El tiempo nos dirá si prevalece o no.

Santa Fe, Ciudad de México, junio de 2020

Matar a un ruiseñor

Una grave cuestión

El pasado viernes 16 de agosto nuestra ciudad contempló con asombro una enérgica manifestación de más de dos mil mujeres unidas para protestar contra un fenómeno bochornoso de nuestra actual sociedad mexicana: la violencia contra mujeres y niñas, los feminicidios y las violaciones que, desgraciadamente, han aumentado de modo alarmante en los últimos años.

Iban vestidas de negro (las artistas de blanco, con una elegante pañoleta verde), manifestando el luto por las víctimas. Con su marcha dieron un terminante grito a las autoridades y a la sociedad en su conjunto: *¡Ya basta!* Y exigieron, con toda razón, medidas eficaces del gobierno contra este tipo de violencia. Así mismo, pidieron que se les garantice transitar seguras y en paz por las calles de la ciudad y que, a la brevedad posible, se implanten programas eficaces de prevención para estos horribles delitos.

El asunto nos duele y avergüenza a todos. Quisiéramos suponer que no existe. Que semejante locura no cabe en una sociedad que se honra de considerarse cristiana. Pero, lamentablemente el problema ahí está. Y, de acuerdo con el realismo con que hemos abordado otros duros temas de nuestra sociedad, no podemos dejar de tratarlo. Desde esta discreta tribuna, quisiera proponer unas breves reflexiones a manera de semillas que –quiera Dios– con el paso del tiempo, a mediano y largo plazos, den el fruto de por lo menos disminuir estos perversos crímenes. Quisiera también, ofrecer aquí una pequeña muestra de apoyo, respeto y solidaridad a todas las mujeres de México que los padecen: las que asistieron a la manifestación, las que simpatizan con la causa y, sobre todo, las que han sido víctimas de esos actos violentos.

Es alentador, por otra parte, que muchas otras voces se hayan alzado en estos días para apoyar esta causa. Ahora bien, mientras el problema persista siempre serán pocas. Urge una acción eficaz que involucre, sí, evidentemente, a las autoridades correspondientes, pero también, y el punto no es menor, a toda la sociedad incluida, desde luego, la Iglesia católica, de la que nuestra querida parroquia forma una pequeña parte.

Muchísimo más que un ruiseñor

Recuerdo que hace años, me impresionó mucho la magistral película *Matar a un ruiseñor*, basada en la novela homónima de la escritora Harper Lee (recientemente fallecida, por cierto). El argumento se desarrolla en el sur de los Estados Unidos, en los años treinta del siglo pasado. El protagonista es el valiente abogado y padre de familia Atticus Finch (interpretado de modo insuperable por Gregory Peck)[1] que defiende a un hombre de color injustamente acusado de un crimen. En medio de un argumento de intenso dramatismo, Scout, la pequeña hija de Atticus, recuerda a su padre la advertencia que él algunas veces hizo a sus hijos: matar a un ruiseñor, es decir, a un pájaro que sólo canta bellamente y no hace daño a nadie, es un acto perverso.

Pensemos, por un momento, lo que significa esa escalofriante cifra de niñas y jóvenes asesinadas entre nosotros, sabiendo que cada una tiene un rostro, una historia, una familia... Pensemos en el valor único e irrepetible de cada persona, de cada víctima. Y decidámonos, en consecuencia, a hacer lo que esté a nuestro alcance por remediar la situación. Empezando, naturalmente, por fomentar una cultura cada vez más amplia y firme de respeto y valoración del que san Juan Pablo II llamaba *el genio de la mujer*. Tenemos que reflexionar en el contexto cultural del que surgen esos violentos agresores de las mujeres: qué ejemplos han visto en sus familias, qué educación han recibido en sus escuelas, qué instrucción religiosa habrán obtenido de sus comunidades, qué películas o series de televisión han visto, qué videos o textos pornográficos habrán envenenado sus mentes, qué ácidas bromas contra las mujeres habrán presenciado... y mil cosas más. No podemos ver con frialdad o indiferencia cualquier cosa que ofenda la dignidad de la mujer. A ellas, insistía el papa Wojtyla, se les "ha confiado de

---

[1] Por su trabajo ganó el Óscar al mejor actor.

manera especial el hombre, el ser humano".[2] Si no les aseguramos el mayor respeto, veneración, diría, estamos autodestruyéndonos como sociedad.

Hombre y mujer, distintos y complementarios

Es verdad que hombre y mujer tenemos una igualdad esencial, unos valores comunes fundamentales, pero también es verdad que esos valores tienen resonancias y matices diversos y complementarios que son fuente de enriquecimiento recíproco. Aquella gran mujer, considerada por algunos la mejor filósofa alemana del siglo xx, Hannah Arendt, solía repetir en francés: "¡Viva la pequeña diferencia!".[3] Y es muy cierto. Esa *pequeña diferencia* permanentemente está enriqueciendo –en México y en el mundo– de modo cada vez más relevante la vida cultural, económica o política de la sociedad. Y, hay que subrayarlo, es una contribución preciosa e insustituible en la familia: "La primera y fundamental escuela de la vida",[4] como decía también el gran Juan Pablo II.

Es la mujer quien, por medio del amor, trasmite seguridad y confianza en la familia. Y quien ayuda a sus hijos, sobrinos, hermanos, alumnos… –hombres y mujeres– a desarrollar armónicamente su propia identidad, capacitándolos para establecer relaciones respetuosas, positivas y fecundas, con los demás.

Se trata de una tarea que, en muchos casos, la mujer habrá de realizar acompañada de su esposo, el padre de los niños o niñas. Ya que ambos, padre y madre, son responsables de que el hogar sea, como quería san Josemaría, *luminoso y alegre*.[5] Un hogar que realmente esté iluminado por el Evangelio de Cristo es el mejor antídoto contra la violencia. Es fuente inagotable de paz, de respeto, de amor a la verdad y a la justicia, de auténtica libertad… Valores

---

[2] San Juan Pablo II, *Mullieris dignitatem*, núm. 30.

[3] Según consigna su biógrafa Elizabeth Young-Bruehl. Cfr. F. Salinas Alonso, *La mujer visible*, p. 60.

[4] San Juan Pablo II, *Familiaris consortio*, núm. 37.

[5] San Josemaría, *Es Cristo que pasa*, núm. 78.

que trágicamente brillan por su ausencia en estos deplorables asesinos y violadores que deambulan por las calles de nuestra ciudad.

Trabajemos pues, unidos, en la noble causa de desterrar el tumor de la violencia a las mujeres. Hagámoslo cada uno en nuestro ámbito de influencia. Y no nos olvidemos también de proteger a las niñas no nacidas, tan gravemente amenazadas por ciertos grupos y leyes. La defensa de la mujer, para ser coherente, debe ser integral.

Apoyados en María, reina de la paz y de la familia, podremos ver el futuro con esperanza. Ella, con su exquisita feminidad y su sereno dolor junto a la cruz de su Hijo, acompaña y consuela a todas las mujeres que sufren violencia, injusticia o miedo en el mundo entero. Y puede suscitar, así mismo, profundos anhelos de conversión en quienes han cometido estas faltas.

Santa Fe, Ciudad de México, agosto de 2019

"Cumbres nevadas"

En los primeros tiempos de su labor sacerdotal en Madrid, a finales de los años veinte y comienzos de los treinta, san Josemaría Escrivá mantenía un intenso contacto con gente de muy diversa extracción social y profesional. Entre esas almas que buscaban su orientación espiritual, había una simpática representación de casi toda la sociedad madrileña: artistas y obreros, empleadas domésticas y amas de casa, abogados, médicos y empresarios, gente de la más alta nobleza y enfermos en total pobreza y desamparo... Había, insisto, un poco de todo, pero especialmente destacaban, por su número y calidad, *los intelectuales*: profesores y alumnos universitarios. Hay muchos testimonios de que en esa época a ellos les dedicaba sus mejores esfuerzos.

Uno de sus amigos de esos años recuerda una conversación que cierto día tuvo con el fundador del Opus Dei. Explicándole ese modo de proceder –la especial dedicación a los que más podían influir en el mundo de la cultura– acudió a una atinada metáfora. Las *cumbres nevadas* de las montañas –decía– parecen no sólo frías, sino lejanas y carentes de vida; pero luego, cuando la nieve se derrite y el agua baja por las laderas, fecundan toda la actividad del valle. Pues lo mismo pasa con el trabajo que los intelectuales realizan en la universidad y en otros ambientes. Aparentemente es algo alejado de la vida social, pero su pensamiento, más tarde o más temprano, influye en toda la población. Por eso es vital que esté impregnado del Evangelio de Cristo.

La cruz en las entrañas del mundo

En el caso de los jóvenes estudiantes, a la razón mencionada se añadía otra de considerable importancia. Eran ellos, por razones evidentes, quienes estaban en las mejores condiciones para comprender y asimilar a fondo el novedoso y audaz mensaje que Dios le había confiado a san Josemaría el 2 de octubre de 1928. Que el Señor quería un puñado de hombres y mujeres completamente *suyos* que difundieran la paz de Cristo y el Reino de Cristo en medio del mundo, ejerciendo con la mayor perfección posible su trabajo profesional.[1] Un pensamiento recogido más tarde en su obra póstuma *Via Crucis* lo refleja poéticamente:

> ¡Qué hermosas esas cruces en la cumbre de los montes, en lo alto de los grandes monumentos, en el pináculo de las catedrales!... Pero la Cruz hay que insertarla también en las entrañas del mundo. Jesús quiere ser levantado, ahí: en el ruido de las fábricas y de los talleres, en el silencio de las bibliotecas, en el fragor de las calles, en la quietud de los campos, en la intimidad de las familias, en las asambleas, en los estadios... Allí donde un cristiano gaste su vida honradamente, debe poner con su amor la Cruz de Cristo, que atrae a Sí todas las cosas.[2]

No hay nada más práctico que una buena teoría. Esta frase de un pensador alemán contemporáneo me viene a la memoria pensando en aquellos muchachos que acompañaron a san Josemaría en los primeros años de la historia del Opus Dei. El fundador los formó personalmente y les trasmitió un buen armazón de ideas, profundas y claras, que no sólo iluminaron sus mentes, sino que se clavaron en sus corazones. Y con esa formación, llenos de entusiasmo y de la gracia de Dios, recorrieron el mundo entero difundiendo un nuevo modo de imitar a Cristo y de alcanzar la santidad. Fueron, literalmente, como la parábola evangélica, un fermento en la masa de la sociedad, y en particular en el mundo de la cultura y de la universidad.

Hoy como ayer

Pues bien, lo que aquellos jóvenes empezaron entonces necesita continuidad, profundidad y ampliación en nuestros días. Se necesitan apremiantemente estudiantes y profesores universitarios, hombres y mujeres, que

---

[1]   Cfr. San Josemaría, *Camino*, núm. 301.

[2]   San Josemaría, *Vía Crucis*, XI estación, núm. 3.

reciban la estafeta y emprendan con brío la misma carrera con la mirada puesta en la meta: conquistar la santidad con un trabajo intelectual bien hecho. No se me pasa, obviamente, que en los últimos meses hemos sufrido la dura prueba de la pandemia. Quien más quien menos, todos hemos experimentado un importante trastorno en nuestras actividades habituales. Pero el tiempo va pasando y, con él, se empieza a vislumbrar la vuelta a una relativa normalidad. Se trataría, entonces, de que el curso escolar que estamos comenzando lo acometamos todos con la ilusión de unirnos a Cristo con una actividad ordinaria realizada del modo más perfecto posible.

Quisiera aprovechar este espacio para animar particularmente a los estudiantes a poner empeño en el nuevo ciclo académico. Bien sé que no será fácil. Algunas clases —tal vez la mayor parte— tendrán que ser todavía *on line*, con la no pequeña dificultad que esto implica. Pero les diría al oído unas palabras de san Josemaría que han removido a muchas almas: "Estudiante: fórmate en una piedad sólida y activa, destaca en el estudio, siente anhelos firmes de apostolado profesional. —Y yo te prometo, con ese vigor de tu formación religiosa y científica, prontas y dilatadas expansiones".[3]

Las *cumbres nevadas* del mañana están ahora en la preparatoria o en la universidad. Y el *valle* de la sociedad mexicana y mundial está más seco que nunca. Nos urgen jóvenes enamorados de Cristo que con generosidad y una excelente preparación académica quieran llenarlo de vida y de alegría.

Santa Fe, Ciudad de México, agosto de 2020

---

[3] San Josemaría, *Camino*, núm. 346.

Educación, verdad y democracia

Una situación delicada

Si observamos atentamente y como cristianos la sociedad en la que nos ha tocado vivir, tanto en México como en el mundo, pienso que no será difícil llegar a la conclusión de que en la actualidad urge *revalorizar el amor*. Las diversas facetas de la vida social, tanto políticas como económicas o culturales, necesitan inaplazablemente el bálsamo del amor cristiano. Hay, por desgracia, en todas partes, mucha tensión, mucho resentimiento, mucha violencia física o verbal.

No se nos oculta tampoco que muchos de los conflictos que padecemos tienen una clara raíz de injusticia social. De aquí que en la medida en que seamos capaces, debemos esforzarnos todos para que la justicia cristiana pueda realizar la función de *arbitraje* que le corresponde entre los segmentos sociales en pugna. Y conseguir así un reparto más equitativo de los bienes y de las responsabilidades en el conjunto de la sociedad. Ahora bien, la justicia es sólo el primer paso. La dignidad y la nobleza del hombre requieren algo más grande: *el amor*. Es apremiante que los discípulos de Cristo, que hemos recibido de Él como consigna el *Mandamiento nuevo de la caridad*, procuremos tenazmente plasmarlo en la convivencia social. "El amor debe animar todos los ámbitos de la vida humana (…). Sólo una humanidad en la que reine la *civilización del amor* podrá gozar de una paz auténtica y duradera", enseñaba san Juan Pablo II.[1]

Se nos presenta a los cristianos de hoy el gran desafío de que esto no se quede en una aspiración, hermosa, sí, pero abstracta y genérica. Los hijos de Dios hemos de empeñarnos en concretar y vivir el amor fraterno en las variadas incidencias de la actividad humana. Que quede claro que no estamos hablando de algo marginal, ornamental, diríamos. Más bien seamos conscientes de que *la civilización del amor* condensa toda la herencia

---

[1] San Juan Pablo II, *Mensaje para la Jornada Mundial de la Paz*, 2004.

ético-cultural del Evangelio de Jesucristo. De su vigencia depende nada menos que la autenticidad cristiana de nuestra cultura. Sólo si el amor se refleja en nuestra vida diaria podremos honrarnos con el título de cristianos. De los primeros discípulos de Jesús se decía exactamente eso: "¡Miren cómo se aman, y cómo están dispuestos a ayudarse unos a otros!" (Tertuliano). Así, amándose entre ellos, cambiaron el mundo. Con estas breves líneas quisiera depositar en los posibles lectores de este texto una pequeña inquietud que, con el tiempo y la gracia de Dios, contribuya a la configuración cristiana del ambiente donde cada uno se desenvuelve socialmente.

Educación y cultura para la democracia

Propongo un tema concreto: *la educación en sentido amplio*, el acceso a la cultura. Algo a lo que tienen derecho todos los hombres y, por tanto, también todos los cristianos, independientemente de su condición social. Porque es obvio que las desigualdades en la posesión y uso de los bienes materiales que antes mencionamos, absolutamente contrarias a la justicia y al amor están precedidas, acompañadas y agravadas por desigualdades –obviamente también injustas–, en el acceso a la cultura. Sólo con una auténtica cultura, es decir, con una eficaz participación en todo aquello que afina y desarrolla las cualidades espirituales y corporales de la persona en una comunidad, se puede aspirar a una existencia plenamente humana.[2]

La cultura de la que hablamos tiene como primera condición la eliminación del analfabetismo, pero, como es natural, debe ir mucho más allá. Comienza en el ámbito de la familia a la que le compete la educación de los hijos fundamental y prioritariamente. Como enseña de modo reiterado la Doctrina Social de la Iglesia, la función educativa del Estado es siempre *subsidiaria*; su papel es el de garantizar, proteger y promover la labor educativa de la familia. Y sólo suplirla cuando a ella no le sea posible cumplir

---

[2]   Cfr. Concilio Vaticano II, *Gaudium et spes*, núm. 53.

con su deber. Si el Estado deseara monopolizar la educación, cometería una grave injusticia.[3]

Así, una sociedad gradualmente más educada, más culta, daría como fruto un mejor ejercicio de la libertad por parte de sus componentes. Y, también, algo precioso y urgente, una mejor, más activa y atinada, *participación en el ámbito sociopolítico*. Cuanto menos culta sea la persona –hay muchos ejemplos históricos que lo confirman, algunos muy recientes– más fácilmente será manipulable por motivos ideológicos y partidistas. Los antiguos griegos, ya lo hemos comentado en otra ocasión, los grandes precursores de nuestra democracia occidental, veían una estrecha correlación entre educación ética y participación política. Para ellos, la perfección del ciudadano (*polités*) que se logra con el desarrollo de sus virtudes éticas, incide directamente en una fecunda participación en la vida de la ciudad-Estado (*polis*). "La ciudad mejor –argumentaba Aristóteles– es a la vez feliz y próspera; pero no es posible que le salgan bien las cosas a los que no obran bien, y no hay obra buena, ni del individuo ni de la ciudad, sin virtud y prudencia".[4]

Educación en la verdad y en el amor

La Iglesia, por su parte, ha insistido en la importancia de esa educación en los valores básicos para garantizar la estabilidad de la democracia y la convivencia armoniosa entre los segmentos de la sociedad. Hay que apuntar a una educación que respete la dignidad de la persona y sus derechos fundamentales; una educación, ante todo, abierta a la verdad, tanto natural como sobrenatural.

Hoy se tiende a afirmar [reflexionaba con lucidez san Juan Pablo II, tras la caída del Muro de Berlín] que el agnosticismo y el relativismo escéptico [actitudes que problematizan o rechazan la capacidad

---

[3]   Congregación para la Doctrina de la fe, *Instrucción sobre la libertad cristiana y la liberación*, núms. 92-94.

[4]   Aristóteles, *Política*, VII, 1323b, 11.

humana de conocer la verdad] son la filosofía y la actitud fundamental correspondientes a las formas políticas democráticas, y que cuantos están convencidos de conocer la verdad y se adhieren a ella con firmeza, no son fiables (…). A este propósito, hay que observar que, si no existe una verdad última, que guíe y oriente la acción política, entonces las ideas y las convicciones humanas pueden ser instrumentalizadas fácilmente con fines de poder. Una democracia sin valores (sin verdad que sustente esos valores) se convierte con facilidad en un totalitarismo visible o encubierto, como demuestra la historia.[5]

Un buen profesor

Añadiría, para terminar, que una empresa de esas dimensiones sólo se puede alcanzar con el compromiso generoso de muchas personas. Y nosotros, cada uno de nosotros, no podemos dispensarnos de esa responsabilidad. Estando en Roma me tocó vivir aquellos inolvidables treinta y tres días del pontificado de Juan Pablo I. Recuerdo que, en una ocasión, con motivo del rezo del *Angelus* desde el balcón de su habitación, el papa Luciani se refirió a un ejemplar profesor universitario de Bolonia (Giosuè Carducci). Aquel hombre acudió a un evento académico a la ciudad de Florencia. Un día, por la tarde, fue a despedirse del equivalente italiano a nuestro secretario de Educación Pública nacional. Éste le dijo:

–No, no se vaya, quédese también a las actividades de mañana.
–Excelencia, no puedo, contestó el profesor. Tengo clase en la universidad y los muchachos me esperan.
–Yo lo dispenso, añadió el funcionario, quédese.
–Usted puede dispensarme, pero yo no me dispenso.[6]

---

[5] San Juan Pablo II, *Centesimus annus*, núm. 46.

[6] Juan Pablo I, *Angelus, 17 de septiembre de1978.*

Repito. No nos dispensemos tan fácilmente de contribuir a esta tarea. Como aquel profesor, promovamos juntos para nuestra gente joven una educación integral que esté también abierta a la verdad sobre Dios y sobre el destino eterno del hombre. Hagámoslo convencidos de que no hay mejor plataforma para edificar la *civilización del amor*. Será, así mismo, un gran recurso para que la juventud mexicana no caiga en las garras del crimen organizado, en la esclavitud de las adicciones y en la insidiosa tentación de la violencia.

Santa Fe, Ciudad de México, noviembre de 2020

Reflexiones para un año que comienza

Una posible tentación

Hace algunos años, en una larga conversación con un periodista alemán, después de abordar distintos temas sobre la revelación cristiana y la vida de la Iglesia católica, el cardenal Ratzinger (quien luego sería Benedicto XVI) aguijoneado por su interlocutor ante tantos problemas que entonces parecían no tener salida, se planteaba con radicalidad una cuestión de fondo: "¿El cristianismo ha traído realmente la salvación o todo ha sido una vana ilusión?".[1]

Pienso que más de alguno de ustedes, queridos feligreses de san Josemaría, se lo habrá planteado a lo largo del año que acaba de terminar. Ante ese cúmulo de asuntos difíciles, tanto morales y religiosos como sociales (económicos o políticos) o de salud, que estamos viviendo, es fácil que se insinúe esa tentación: *¿Señor dónde estás?, ¿realmente vives en tu Iglesia?, ¿es verdad que nos has salvado?*

Quisiera con estas breves líneas ofrecer algunos elementos de reflexión que respondan a esa seria inquietud. Primero que nada: *el Señor es el de siempre.* No nos ha dejado de su mano, ni nos ha abandonado a nuestra suerte. Tenemos que hacer un esfuerzo de comprensión de la enseñanza de nuestra fe para alcanzar, con la ayuda de Dios, un poco de luz y de paz interior para nuestras almas y, si fuera el caso, compartirlas con los demás.

La pequeña semilla y el árbol frondoso

Una primera aproximación sería recordar, con el cardenal Ratzinger, que el avance o retroceso en el ámbito espiritual no es fácilmente *cuantificable*, no se puede medir con los recursos del método científico. Es muy bella la parábola evangélica del Grano de mostaza, con la que el Señor nos muestra a su

---

[1] J. Ratzinger, *La sal de la tierra*, p. 235 y ss.

Iglesia.[2] De una pequeña semilla surge un árbol frondoso en el que los pájaros del cielo pueden colocar sus nidos. El árbol frondoso y robusto está allí. Y lo estará siempre. Pero la historia de estos dos mil años nos ha mostrado que de vez en cuando le sobrevienen plagas, que algunas de sus ramas se han desgajado dolorosamente, que no le han faltado los golpes de los rayos…

Es la situación que actualmente estamos viviendo. Se ha debilitado en amplios sectores el fervor religioso. Algunos miembros cualificados de la Iglesia –sacerdotes y obispos– han dado graves antitestimonios que han hecho mucho daño al pueblo de Dios. Otros, tal vez sin dar lugar a esos escándalos, se han entibiado, encogiendo su ímpetu espiritual y apostólico, han sido menos fieles, y eso, naturalmente, también ha producido serias consecuencias en el conjunto de la vida eclesial.

Ahora bien, la historia nos muestra que cuando la Iglesia debilita su presencia vibrante en la sociedad, el paganismo –que nunca está del todo vencido– resurge con virulencia. Brotan aquí y allá horrores que nos estremecen. No conviene exagerar la labor del demonio, pero tampoco es razonable, desde una perspectiva de fe, silenciarla. Hay algunos aspectos de la situación de nuestro país que desprenden un penetrante olor a azufre: los secuestros, los asesinatos, la trata de personas, el abuso de los niños (de donde quiera que venga), la violencia contra las mujeres… El mal, el pecado en la vida de muchas personas, al repetirse, ha formado en la actual sociedad siniestras e inmensas "estructuras de pecado".[3]

Ante esta triste situación, los creyentes quisiéramos que tanto en México como en el mundo se hiciera más patente la acción de Dios. Que Él, con su infinito poder, frenara el avance del mal. Que diera, si se me permite la expresión, *un fuerte golpe en la mesa*, que hiciera patente su señorío sobre la historia. Pero resulta, hermanos míos, que ése no es su *estilo*. Nos recuerda la Escritura que "Dios quiere que todos los hombres se salven y lleguen al conocimiento de la verdad".[4] Sí, en efecto, ésa es su voluntad salví-

---

2   Cfr. Mateo 13, 31-32.

3   San Juan Pablo II, *Reconciliación y penitencia*, n. 16. Cfr. también *Catecismo de la Iglesia católica*, núm. 1869.

4   1 Timoteo 2, 4.

fica universal. Pero también es claro, y no podemos olvidarlo nunca, que ha querido confiar esa salvación a "la frágil condición de la libertad humana".

La grandeza y debilidad de nuestra libertad

Éste es el gran tema. Nos dio el tesoro de la libertad. Una libertad que nos reviste de dignidad, que nos recuerda que Dios nos ha amado como hijos muy queridos, no como esclavos o siervos, pero que también implica el tremendo riesgo de mal uso, de que esa libertad se tuerza y rebele en contra de nuestro dulce Señor y, como ocurre tantas veces, también en contra de sus demás hijos.

Es reconfortante apuntar, así mismo, que, en las diversas etapas de la historia de la salvación, nunca ha faltado un pequeño grupo de almas fieles. Hombres y mujeres que, con la luz de la fe y la fuerza del amor, han sido un *consuelo para Dios*. Y han conseguido, más tarde o más temprano, que la barca de Pedro supere la tempestad y siga adelante en su singladura hasta el encuentro con Jesucristo en su anunciada Parusía (Segunda Venida).

Aquí está la propuesta. Que no demos lugar al desánimo y que, por el contrario, nos ilusionemos con pertenecer a ese bíblico *resto de Israel*, del nuevo Israel que es la Iglesia, y trabajemos por su Reino en el ámbito donde el Señor nos ha colocado los 365 días del año que estamos empezando. Será, evidentemente, un año difícil, sobre todo en los comienzos. Pero recordemos con san Pablo: "Si Dios está con nosotros, ¿quién contra nosotros?".[5] Con la ayuda de la gracia de Dios, empeñémonos en utilizar bien nuestra libertad. Bien decía recientemente Mons. Fernando Ocáriz, actual prelado del Opus Dei: "Con nuestra libertad, podemos hacer al mundo un poco peor, con esa misma libertad también podemos hacerlo mejor (…). El futuro se transforma santificando el presente".[6]

Santa Fe, Ciudad de México, enero de 2021

---

[5] Romanos 8, 31.

[6] Mons. Fernando Ocáriz, *Cristianos en la sociedad del siglo XXI*.

San José: en su mes y año, "valentía creativa"

Se cumplen ahora ciento cincuenta años de la declaración de san José como patrono de la Iglesia Universal por parte de Pío IX. Y Francisco ha querido conmemorar este acontecimiento escribiendo una preciosa carta apostólica y dedicando todo este año al Santo Patriarca. Se nos invita, por tanto, a contemplar durante doce largos meses la amable figura de san José, quien fuera nada menos que el custodio en la tierra de los dos más grandes tesoros de la historia de la salvación: el niño Jesús y la virgen María.

Ahora bien, pienso que sería razonable preguntarnos, ¿qué nos dice a los cristianos de hoy este santo?, ¿qué podemos aprender de él? En la mencionada carta apostólica titulada *Patris corde* (*Con corazón de padre*), el Papa nos ofrece varias posibles respuestas. Quisiera dedicar este editorial a comentar una de ellas que me parece especialmente oportuna en el contexto de desolación en que muchos cristianos se encuentran con motivo de la actual pandemia. Es el apartado titulado Padre de la valentía creativa.[1]

Una personalidad imponente

De la lectura de los relatos de la infancia del Señor, en los que san José –con la virgen María– tuvo una participación central, se desprende que su vida no fue en absoluto cómoda. La suya, decía san Josemaría, "fue una historia de duros sucesos, combinados con la alegría de ser el custodio de Jesús".[2] Tuvo, junto a inmensos gozos, incontables contrariedades, pero en ningún momento lo vemos encogido o asustado ante ellas. Supo ejercer, como apunta Francisco, una *valentía creativa* frente a momentos realmente terribles que el Señor permitió en su vida. El desconcierto de comprobar que

---

[1] Papa Francisco, carta apostólica *Patris corde*, núm. 5.

[2] San Josemaría, *Carta pastoral*, 14 de febrero de 1974.

su prometida (María) está embarazada y él, que la amaba con una inmensa ternura y fidelidad, no había tenido nada que ver con ese embarazo. No podemos imaginar el sufrimiento que pasó hasta que las cosas se aclaran y, con la ayuda de un ángel, comprende que el niño por nacer ha sido concebido por obra del Espíritu Santo. Poco más tarde viene el trastorno del inesperado traslado a Belén con motivo del empadronamiento impuesto por el emperador romano. Y, ya en la ciudad de David (su ancestro), viene otro momento de angustia. María está a punto de dar a luz y sus parientes y conocidos no quieren recibirlos en la posada. Más tarde, apenas se ha podido instalar en aquella ciudad cuando la situación gradualmente se normaliza, viene el estremecedor sobresalto de una noticia impactante: el rey Herodes está buscando al niño para matarlo; hay que huir a Egipto a toda prisa.

Esas pruebas difíciles, insistimos, en lugar de acobardarlo o desesperarlo, hacen que José saque a relucir todos los recursos humanos y sobrenaturales de su extraordinaria personalidad. Recursos que tal vez ni él mismo era consciente de tener. Es especialmente significativo en este contexto que, en la existencia de la Sagrada Familia, la Providencia divina en lugar de acudir a milagros aparatosos, a los que son tan proclives los evangelios apócrifos (esos falsos relatos antiguos de la vida de Jesús), actúa con una gran sencillez y sobriedad. Podríamos concluir con el papa Francisco que es él, san José, el *verdadero milagro* con el que Dios protege y salva a Jesús y a María.

Inspiración para los padres de familia

Pensemos ahora, en nuestra situación actual. ¡Cuántas veces nos ocurre que, arrastrados por la fantasía, suponemos que la solución de nuestros problemas, grandes o pequeños, está en un milagro, en una maravillosa intervención divina! Mientras que en el Evangelio descubrimos todo lo contrario. Los conflictos se resuelven de un modo muy distinto. Por ejemplo, la arrogancia y la violencia de aquel monarca poderoso y tiránico se vence con la discreción y delicada obediencia de un sencillo carpintero de Galilea. Eso sí, lleno de confianza en Dios y de una aguda *valentía creativa*. Ante esa violenta amenaza la mente de José resuelve rápido y bien lo que conviene hacer. Y su adecuada respuesta consigue salvar al Hijo de Dios.

La entera vida de José, su recia y atractiva personalidad, fueron con toda naturalidad, sin cosas raras, como una protectora *muralla de bronce* para Jesús y María. Si nosotros aprovechamos la oportunidad que nos ofrece este año para conocerlo y tratarlo más, estoy convencido de que ese modo de actuar nos inspirará cada día cómo resolver los asuntos que tengamos entre manos. Ciertamente tampoco es fácil lo que ahora están viviendo muchos padres de familia. La pandemia amenaza gravemente su salud y su patrimonio; las limitaciones a la libertad de movimientos prueban cada día la resistencia de sus nervios; les preocupa la inseguridad que, lejos de disminuir, parece aumentar cada día; no se ve claro, además, el rumbo que va adquiriendo el país en su conjunto, y tantas otras incertidumbres. Pues ante ese confuso panorama, junto al trabajo y la oración de cada día, no olvidemos que podemos contar con la intercesión de san José. El Santo Patriarca es patrono de la Iglesia Universal. Si antes protegió a la Sagrada Familia ahora protege a toda la Iglesia que es, como recuerda el papa Francisco, "la extensión del Cuerpo de Cristo en la historia".[3]

Ir a donde el Señor quiera

La Escritura nos recuerda que los pensamientos de Dios no son nuestros pensamientos ni sus caminos los nuestros.[4] No sabemos qué nos pueda deparar el futuro inmediato. Lo que sí está claro es que todos debemos estar en condiciones de responder como el profeta Isaías: "Aquí estoy, Señor. Envíame".[5] Debemos encaminar nuestros pasos al cumplimiento de su voluntad. Y, en ese claroscuro proceso, no sería difícil que experimentemos algo

---

[3]   Papa Francisco, carta apostólica *Patris corde*, núm. 5.

[4]   Cfr. Isaías 55, 9.

[5]   Isaías 6, 8.

semejante a lo que Jesús le dijo una vez a san Pedro: "Extenderás los brazos y otro te ceñirá y te llevará a donde no quieras".[6] A José eso le pasó muchas veces. Casi podríamos decir –como predicara el cardenal Joseph Ratzinger un 19 de marzo, fiesta de su santo patrono– que tuvo siempre esta humildad y disposición como regla de su vida: ir, no a donde las cosas le resultaban más gratas o cómodas, sino a donde Dios quiso.[7] Aprendamos.

Santa Fe, Ciudad de México, marzo de 2021

[6] Juan 21, 18.

[7] Cfr. J. Ratzinger, *De la mano de Cristo. Homilías sobre la Virgen y algunos santos*, p. 39.

"Otros que vienen las continuarán…"

Quisiera comenzar este último editorial con una pequeña anécdota. Cuando hace bastantes años estudiaba la preparatoria en la ciudad de Monterrey, se lanzó con mucho éxito una canción que tenía una melodía muy dulce y de fácil retención. Tal vez algunos de ustedes la recordarán, tenía por título "La vida sigue igual". Había sido compuesta e interpretada por un joven artista español, casi desconocido en aquel entonces, llamado Julio Iglesias. El estribillo me ha venido con frecuencia a la memoria durante estos últimos días. Dice así:

> Siempre hay por qué vivir por qué luchar.
> Siempre hay por quién sufrir y a quién amar.
> Al final, las obras quedan las gentes se van.
> Otros que vienen las continuarán.
> La vida sigue igual.

Esto, indudablemente, tiene mucho de verdad. En la vida de las diversas instituciones (civiles o eclesiásticas) a todos nos toca cumplir con determinadas tareas y, más tarde o más temprano, llega el momento de dejar el paso a otros para que, a su modo, las lleven adelante. *Al final, las obras quedan las gentes se van. Otros que vienen las continuarán…* Después de seis largos e intensos años al frente de esta hermosa parroquia y, sobre todo, de esta comunidad de fieles, ha llegado el momento de decir *adiós*.

Un breve balance

Recibí en el mes de mayo del año 2015 una parroquia bastante bien encarrilada. A quienes me precedieron les había tocado la dura tarea de *arrancar*. A mí, la de *continuar, completar, estructurar…* Puse en esta tarea todo el empeño de que fui capaz. Evidentemente algunas cosas no salieron tan bien como hubiera deseado. Si en algo fallé, aprovecho esta ocasión para ofrecerles una disculpa.

Quisiera también proponerles un punto de reflexión. Todo el trabajo que los pobres hombres hacemos en la *viña del Señor* es, en última instancia, un trabajo instrumental. Dios es siempre la causa principal y, nosotros, sus servidores, instrumentos en sus manos. Como el pincel en manos del pintor o la pluma (hoy diríamos la computadora) en manos del escritor, no pueden hacer nada por sí mismos, los cristianos no podríamos hacer nada en el orden sobrenatural si el Señor Dios no nos quisiera utilizar como instrumentos suyos. Esto, que vale para todos los fieles de la Iglesia, se aprecia muy vivamente, nítidamente diría, en el caso de los sacerdotes. Durante ya no pocos años de trabajo sacerdotal he podido comprobar con asombro que Dios se vale de nosotros, instrumentos realmente desproporcionados, para hacer sus maravillas en la historia de la salvación. De una manera diáfana en el caso de los sacramentos y, en especial, de la Eucaristía. Es siempre Dios y su gracia divina la que transforma las almas. Pero por una especial disposición de su Providencia ha querido contar con la colaboración humana de los sacerdotes, de los hombres que por un don de su misericordia ha querido hacer partícipes, por medio del sacramento del orden, del único y eterno sacerdocio de Jesucristo.

Cualquier sacerdote, a los pocos años de ejercer el ministerio, lo habrá podido comprobar ampliamente. Yo lo viví de muchas formas antes de llegar a la parroquia de San Josemaría, pero tengo que añadir que durante este periodo lo experimenté, como párroco, con acentos particulares y, no pocas veces, con emoción. El intenso y continuo contacto con las necesidades espirituales de mis feligreses me removió el alma de modo permanente en estos años. Por todo ello, aprovecho esta ocasión para, con ustedes, elevar mi alma en una honda y sincera acción de gracias a Dios (Padre, Hijo y Espíritu Santo) que ha dispuesto actuar de ese modo en su Iglesia.

Muchas gracias a todos

Quisiera también subrayar que todo el trabajo que se ha realizado en este tiempo ha sido posible en virtud de la eficaz colaboración de tantas personas (sacerdotes y laicos) que, con generosidad y abnegación, arrimaron el hombro en favor de nuestra comunidad. Estoy seguro –lo he comprobado muchas veces en la vida– que Jesucristo Nuestro Señor, que es muy buen pagador y, como solía decir san Josemaría, "no se deja nunca ganar en generosidad",[1] premiará a todos como sólo Él sabe hacerlo.

Comprenderán que en estos momentos me encuentro un poco con el corazón dividido. Por una parte, me alegra mucho volver a mi querida ciudad de Monterrey donde me esperan tantas buenas personas –parientes y amigos– con las que he convivido y trabajado por dilatado tiempo; pero, por otra, me duele –y mucho– dejar también a tantas maravillosas personas que he conocido a lo largo de estos años. Quisiera, la verdad, irme y quedarme, pero eso no es posible a las pobres creaturas humanas.

Otros que vienen las continuarán… dejo la parroquia en buenas manos. A todos mis queridos feligreses y a los posibles lectores de este texto les pido el pequeño favor de elevar al Cielo una oración para que su servidor pueda continuar trabajando, donde Dios quiera, al servicio de la Iglesia. Y que ese trabajo produzca fruto abundante para la gloria de Dios.

Santa Fe, Ciudad de México, abril de 2021

---

[1] San Josemaría, *Es Cristo que pasa*, núm. 40.

Epílogo: la alegre música del Evangelio

Una consigna de Cristo

Hablando a sus discípulos desde lo alto del que ahora se llama Monte del gozo, junto al mar de Galilea, probablemente en una mañana de primavera con un cielo azul espléndido, Jesús daba esta consigna a los suyos: "Alégrense y salten de contento [en medio de las persecuciones y contrariedades que puedan venir en la vida] porque su recompensa será grande en los cielos".[1] En efecto, gracias al Señor, a su entrega por nosotros, los cristianos hemos alcanzado la infinita dignidad de los hijos de Dios. Y, con ella, pase lo que pase en este mundo nuestro no podemos perder nunca la alegría. Secundando fielmente esta consigna lo mismo recordaba el apóstol Pablo a los fieles de la comunidad de Filipos: "Alégrense siempre en el Señor; se lo repito: alégrense (…) el Señor está cerca".[2]

Al llegar al final de este trabajo, ya fuera del contexto en el que se originó,[3] quisiera concluirlo, si se me permite, con una vibrante llamada a conservar en todo momento la alegría de los hijos de Dios. En las páginas anteriores hemos venido considerando sucesos de la vida reciente de nuestro país y de la Iglesia católica, de la sociedad civil y de la sociedad eclesiástica (*las dos ciudades*) a las que pertenecemos los discípulos de Jesús. Algunos de ellos no son nada agradables, otros sí, y mucho. Pero, en cualquier caso, lo que nos hemos propuesto al abordarlos no ha sido ofrecer una simple descripción histórica o sociológica de determinados eventos humanos, sino presentar –con la mayor lucidez a nuestro alcance–, sucesos que simultáneamente nos desafían e interpelan como cristianos. Sucesos cuya mejoría reclama un compromiso personal por parte de cada uno de nosotros. He intentado poner sobre la mesa asuntos que con la luz y la fuerza

---

[1] Mateo 5, 12.

[2] Filipenses 4, 4-5.

[3] En efecto, dejé la Parroquia de San Josemaría a finales de abril pasado.

de nuestra fe pueden y deben mejorar. La construcción del Reino de Dios –es ésta una de las premisas básicas de nuestro ensayo– nos corresponde a todos.

Algunos quisieran que los discípulos de Cristo sólo se mostraran como tales en las ceremonias litúrgicas. Anhelan que la verdad del Evangelio permanezca encerrada en los templos o en las sacristías, pero eso sencillamente no puede ser. Permitirlo sería abdicar de uno de los mandatos más claros del Señor: "Una vela no se esconde debajo de una olla, sino que se pone sobre el candelero, para que alumbre a todos los de la casa (…) brille así la luz de ustedes ante los hombres".[4]

Estoy convencido de que, en el mensaje cristiano, tal como lo presenta la Iglesia católica, hay un torrente de luz y claridad para enfocar y, eventualmente, resolver muchos de los grandes problemas sociales de nuestro tiempo. El papa Francisco, siguiendo aquí muy de cerca el camino recorrido por sus predecesores, ha escrito:

> Una auténtica fe –que nunca es cómoda e individualista– siempre implica un profundo deseo de cambiar el mundo, de transmitir valores, de dejar algo mejor detrás de nuestro paso por la tierra. Amamos este magnífico planeta donde Dios nos ha puesto, y amamos a la humanidad que lo habita, con todos sus dramas y cansancios, con sus anhelos y esperanzas, con su valores y fragilidades.[5]

Hijos de Dios y hermanos entre nosotros

A todos en la Iglesia –pastores, religiosos y fieles laicos– compete esta gran tarea de luchar por la paz y la justicia, por la construcción diaria de un mundo mejor. La gran tarea es trabajar, desde el sitio que a cada uno le

---

4   Mateo 5, 15-16.

5   Francisco, *Evangelii gaudium*, núm. 183.

corresponde,[6] en la difusión del Reino que Cristo fundó hace dos mil años. Y pienso que esta tarea se realizará de modo cada vez más convincente si no deja de estar impregnada de caridad y de alegría. Alguna vez dijo san Josemaría que "cuando nos sentimos hijos de Dios, la alegría sale sola". Sabiéndonos hijos de Dios nos llenaremos de confianza y de optimismo, independientemente de lo densas que a veces puedan parecer las sombras de este mundo, de lo duros que sean los golpes de la tempestad. Iremos adelante en la travesía de nuestra frágil barca, con la certeza de que llegaremos finalmente al puerto de la salvación. No se nos olvida que contamos con la promesa de Cristo: "Sepan que yo estaré con ustedes todos los días, hasta el fin del mundo".[7]

Ahora bien, del hecho de sabernos hijos de Dios se siguen muchas consecuencias. Una de especial importancia es que los hijos de un mismo Padre son inseparablemente hermanos entre sí. La fraternidad que siempre debe unir a los discípulos de Cristo se logrará también ahora si mantenemos la altura de miras que corresponde a nuestra vocación, y ese comportamiento fraterno dará un blindaje adicional a nuestra débil embarcación frente a los agresivos embates del diablo. Un enemigo que no se toma vacaciones y, como recuerda san Pedro, "como un león rugiente, anda buscando a quien devorar".[8] Unidos a Dios y entre nosotros, insistimos, lo venceremos e iremos adelante.

Buena música, no ruido de campanas rotas

Quisiera también añadir que la alegría de la que aquí hablamos no es esa ruidosa y superficial algarabía que a veces se aprecia en ambientes paganizados y materialistas. Esa que alguna vez san Josemaría llamó del "animal sano"[9] y que, con una metáfora podríamos designar como el golpeteo de

---

[6] Cfr. 1 Corintios 7, 17.

[7] Mateo 28, 20.

[8] 1 Pedro 5, 8.

[9] San Josemaría, *Camino*, núm. 659.

campanas rotas. Lo nuestro es otra cosa. Impregnados de la fuerza del Evangelio los discípulos de Cristo debemos difundir por el mundo una música alegre y maravillosa. La comparación la propone el santo padre Francisco en su reciente encíclica *Fratelli tutti*.[10] Y a mí me hace pensar en los bellísimos *allegros* de los conciertos de los compositores cristianos del barroco: Vivaldi, Albinoni, Bach o Haendel. Nuestra música debe despertar gozo e ilusión en una sociedad tantas veces sumergida en el desánimo.

¿Y cuál será el contenido de esa música? Evidentemente las grandes verdades de la moral cristiana: la ternura, la compasión, la misericordia, la humildad, el desprendimiento de los bienes materiales, la pureza de corazón… y, por supuesto, la alegría de los hijos de Dios. Es el inagotable torrente, fresco y limpio, que brota del Evangelio y, antes aun, de la adorable Persona de Jesucristo. Se trata de una música, nos advierte el santo padre, que debe sonar en los hogares, en las plazas, en los lugares de trabajo, en los ámbitos de la cultura, de la política, del deporte o de la economía. Y que constantemente nos inspira a ser mejores, a dar de lo nuestro a los demás.

Una reacción muy original

Conservemos, pues, esa alegría que tanta falta hace ahora y siempre. Y si alguna vez la perdemos, procuremos recuperarla lo antes posible. El querido e inolvidable don Pedro Casciaro, el sacerdote español que san Josemaría envió a México a comenzar el trabajo apostólico del Opus Dei a finales de los años cuarenta del siglo pasado, solía contarnos, divertido, anécdotas relacionadas con el buen humor y la alegría —casi inalterables— del fundador de la Obra. Por ejemplo, nos refería aquella ocasión en que siendo sacerdote joven tuvo una fuerte contrariedad y, por un momento, perdió la alegría. "Me enfadé —decía— y después me enfadé por haberme enfadado". Así las cosas, caminaba por una calle de Madrid cuando pasó junto a una de esas máquinas que toman varias fotografías por poco dinero y tuvo una ocurrencia simpática.

---

[10]   Cfr. Francisco *Fratelli tutti*, núm. 277.

Entró en la cabina y se sacó unas fotos. "¡Estaba divertidísimo con la cara de enfado!", comentaría a sus hijos tiempo después. Guardó una de ellas en su cartera durante un mes. "Y de vez en cuando la miraba –añadía– para ver la cara de enfado, humillarme ante el Señor y reírme de mí mismo".

Que no nos falte nunca el buen humor. Así, con "sana doctrina"[11] y con un apasionado amor a la libertad personal de todos, no nos soltemos de la mano de la Virgen Santísima en nuestro empeño por difundir incansablemente *la alegría del Evangelio*.

Los Pinos, Coahuila, julio de 2021

---

[11]   1 Timoteo 1, 10, 2; 4, 3 y Tito 1, 9 y 2, 1.

Referencias

Benedicto XVI, papa emérito, *Carta a los obispos de Polonia con motivo del centenario del nacimiento de san Juan Pablo II*, mayo de 2020.
——————, *Spe salvi*, n. 37.

Catecismo de la Iglesia católica, núms. 1731, 1755, 1756, 1869.1906, 1907, 1913, 1915, 2402, 2408, 2239.

Concilio Vaticano II, *Gaudium et spes*, núms. 43, 53.

Conferencia del Episcopado Mexicano, mensaje del 24 de abril de 2020.

Congregación para la Doctrina de la fe, *Instrucción sobre la libertad cristiana y la liberación*, núms. 92-94.

Excélsior, nota principal, 22 de enero de 2020.

Francisco, *Alabado seas*, núm. 213.
——————, *alocución*, 18 de marzo de 2019.
——————, *Amoris laetitia*, núms. 11, 52, 251.
——————, Bula de convocación al Jubileo Extraordinario de la Misericordia.
——————, *Carta a jóvenes*, enero de 2017.
——————, carta apostólica *Patris corde*, núm. 5.
——————, *Evangelii gaudium*, núms. 87, 183, 219.
——————, *Fratelli tutti*, núm. 277.
——————, Mensaje para la Jornada Mundial de las Comunicaciones Sociales, 24 de enero de 2018.
——————, *Misericordia et misera*, núm. 6.
——————, *Misericordiae Vultus*, núm. 24.

Gaudium et spes, núms. 18 y 28.

Hugo, Victor, *Los miserables*, primera parte, libro segundo, capítulo XIII. El obispo trabaja.

Juan Pablo I, *Alocución*, noviembre 20 de 1978.
——————, *Angelus*, 17 de septiembre de1978.

León Magno, *Sermón I, en la Navidad del Señor*.

Neuhaus, R. J., *American Babylon: Notes of a Christian Exile*, p. 216.

Newman, J. H., *Discursos sobre el fin y la naturaleza de la educación universitaria*.

Ocáriz, Fernando, *Cristianos en la sociedad del siglo XXI*.

Pablo VI, *Ecclesiam suam*, núm. 31.

Pablo VI, *Populorum Progressio*, núm. 76.

Pontificio Consejo Justicia y Paz, Compendio de la Doctrina Social de la Iglesia, núm. 414.

Ratzinger, J., *De la mano de Cristo. Homilías sobre la Virgen y algunos santos*, p. 39.
——————, *Dios y el mundo*.
——————, *La sal de la tierra*, p. 235 y ss.

Sacrosanctum Concilium, núm. 24.

Salinas Alonso, F., *La mujer visible*, p. 60.

Obras de santos

Agustín, "Sermón Hermana muerte", citado por R. Cantalamessa, pp. 11-12.

———————, *La Ciudad de Dios*, IX, 5.

———————, Sermón 241, 2, citado en el *Catecismo de la Iglesia católica*, núm. 32.

Jerónimo, *Comentario a Isaías*, prólogo. Citado en el *Catecismo de la Iglesia católica*, núm. 133.

Josemaría, *Amigos de Dios*, núm. 27.

———————, *Apuntes íntimos*, núm. 60. Citado en *Andrés Vázquez de Prada, el fundador del Opus Dei*, vol. I, pp. 389-390.

———————, *Camino*, núms. 191 301, 346, 525, 659, 739

———————, carta 9-I-1932, en *Cartas I*, edición crítica, núm. 41, a-b.

———————, *Carta pastoral*, 14 de febrero de 1974.

———————, *En diálogo con Dios*, 15, 2b.

———————, *Es Cristo que pasa*, núms. 30, 40, 55, 78,181, 182.

———————, *Forja*, 23, 260, 647, 754, 987, 994.

———————, *Prólogo* en *Santo Rosario*.

———————, *Santo Rosario*, consideraciones del autor.

———————, *Surco*, n. 302, 514, 567, 882.

———————, *Vía Crucis*, XI estación, núm. 3.

———————, *Josemaría Escrivá de Balaguer y la Universidad*, discurso del 7 de octubre de1967.

———————, *Josemaría Escrivá de Balaguer y la Universidad*, discurso del 9 de mayo de1974.

Juan Pablo II, *Centesimus annus*, núm. 46.

———————, Encíclica *Fe y razón*.

———————, *Familiaris consortio*, núm. 37.

———————, Homilía en el inicio de su pontificado, 22 de octubre de 1978.

———————, *Intervención en la* ONU, 5 de octubre de 1995.

———————, *Laborem exercens*, núm. 26.

————, *Mensaje para la Jornada Mundial de la Paz*, 2004.

————, *Mullieris dignitatem*, núm. 30.

————, *Novo millennio ineunte*, núm. 32.

————, *Reconciliación y penitencia*, núm. 16.

————, *Veritatis splendor*, núm. 83.

Ciudadanos de las dos ciudades
se imprimió en la Ciudad de México, el 30 de noviembre de 2021,
Fiesta de san Andrés Apóstol,
en la imprenta Litográfica Ingramex, S.A. de C.V.
Centeno 162-1, Granjas Esmeralda, Iztapalapa,
C.P. 09810, Ciudad de México, México